Manuel Girisch | Renate Woltron | Harald Havas

Prater G'schichten

Manuel Girisch, Renate Woltron, Harald Havas

Prater G'schichten

Vergnügliches rund um den Prater
und die Wiener

Mit Bonusstory von Gabriele Hasmann und
Vorwort von Adi Hirschal!

GOLDEGG
VERLAG

Der Goldegg Verlag achtet bei seinen Büchern und Magazinen auf nachhaltiges
Produzieren. Goldegg Bücher sind umweltfreundlich produziert und orientieren
sich in Materialien, Herstellungsorten, Arbeitsbedingungen und Produktions-
formen an den Bedürfnissen von Gesellschaft und Umwelt.

ISBN Print: 978-3-903090-74-3
ISBN E-Book: 978-3-903090-75-0

© 2017 Goldegg Verlag GmbH
Friedrichstraße 191 • D-10117 Berlin
Telefon: +49 800 505 43 76-0

Goldegg Verlag GmbH, Österreich
Mommsengasse 4/2 • A-1040 Wien
Telefon: +43 1 505 43 76-0

E-Mail: office@goldegg-verlag.com
www.goldegg-verlag.com

Layout, Satz und Herstellung: Goldegg Verlag GmbH, Wien
Druck und Bindung: CPI books GmbH, Leck

Rechte des Beitrags »Der Geist im Calypso« Teil 1 und 2:
mit freundlicher Genehmigung aus: Hasmann, Gabriele und
Hepp, Ursula: »Spuk in Österreich. Unheimliche Orte und
mysteriöse Begegnungen«, Ueberreuter Verlag, Wien 2012.

Die Kapitel* von Harald Havas sind neu zusammengestellte
und aktualisierte Fassungen von Texten aus folgenden
Büchern: »Kurioses Wien«, Metroverlag 2010, »Furioses
Wien – Ungewöhnliches, Unbekanntes, Unglaubliches«,
Metroverlag 2011, »Unglaubliches Wien – Entdeckungen
für Fortgeschrittene«, Metroverlag 2012, »Der Mann,
der den Neusiedler See trocken legen wollte – und
andere kuriose Österreicher«, Metroverlag 2013 –
mit freundlicher Genehmigung des Metroverlags.

Vorwort von Adi Hirschal

Es ist Ehre aber auch Herausforderung das Vorwort zu einem Buch zu verfassen, das von der Expertise für alles was es an Wienerischem gibt, nur so sprüht. Ich stelle klar: ich bin geboren in Innsbruck und in der Folge in einem kleinen Vorort östlich von Linz aufgewachsen. Als meine Begabung zum Gesang auffiel – ich entdeckt wurde – nahm ein westöstliches Schicksal seinen Lauf. Ungefragt und irgendwie auch »überwältigt« fand ich mich im zarten Alter von 9 Jahren im Schlafsaal der Wiener Sängerknaben wieder – die bekanntlich als menschliche Ausgabe der Lipizzaner gelten. Ich starrte wochenlang auf die kryptischen Zeichen der Wettersäule des Ringturms und litt an schrecklichem Heimweh. Meine wohlbekannte Welt schien für immer versunken und endgültig verloren. Allein die tägliche Arbeit mit Musik ließ mich wieder auferstehen von den Toten. Mehr noch: Seit damals durchdringt der Klang dieser Perle unter den Städten dieser Welt mich bis ins Innerste. Wir sangen Strauß und Schubert, Beethoven und Mahler, jede Menge Mozart ... mit einem Wort: Wir drückten Wien in Klängen aus – das imperiale Augarten-Palais als Heimstätte!

Aber das allein war's natürlich nicht, denn der Augarten grenzt an viele interessante »Fleckerln«. Sie begannen jenseits der Mauer, die unser Internat eingrenzte. Schon der Name »Kastellez Gasse« konnte mich in pure Aufregung versetzen, befeuerte meine Neugier und Entdeckerlust. Das Stuwerviertel, der Wurstel Prater, die Zirkusgasse, das Cabaret Renz, die Weintraubengasse ... all das verströmte den Geruch von Abenteuer und Verbotenem.

Solcherart – ohne es gleich zu bemerken, – infizierte ich mich am Suchtmittel Wien. Ich hab mich von dieser Sucht nie mehr erholt. Mich faszinierte der tausendfältige Klang des Wienerischen und entschloss mich, ihm lebenslang hinzugeben. An irgendetwas stirbt ein jeder! Ich habe Wien nie mehr losgelassen.

Schon als Fünfjähriger habe ich Qualtinger auswendig gekonnt. Das Wienerische war sozusagen schon durchgeladen und musste nur noch akut werden. Das war es dann auch. Ich habe mich in Wien verliebt, habe mich mit Wien verlobt und Wien schließlich geheiratet. Und ab da geht's ja bekanntlich erst los. Wien will ständig erobert werden – eine anspruchsvolle Geliebte mit vielen Geheimnissen, die ich alle lüften wollte. Inzwischen jedoch nicht mehr. Es ist sinnlos, zu glauben Wien ergründen zu können. Wien ist unlogisch, experimentell – eine urbane Improvisation – bevölkert von seltsam klingenden Lebewesen, die sprachlich beinahe »ins Indianische hinübergehen«, wie Nestroy es vielleicht ausgedrückt hätte.

Die Kulturen vieler Völker haben hier das »Haxel« gehoben und ihre Markierungen hinterlassen. Unzählige Geschichten, Typen und Grätzln in und rund um Wien halten dich auf Trab, fordern deine Neugierde heraus, geben Rätsel auf. Ich habe den Vorteil – zumindest bilde ich mir das ein – ein »Zuagrasta« zu sein. Ich habe mir den Abstand des Gastes erhalten und gehe bei meinen »Untersuchungen« mit äußerstem Respekt vor. Ich versuch, mich zu benehmen, enthalte mich, urteile nicht ...

Ich staune nur.

Die Autoren dieses Buches nehmen diese Stadt und ihre Menschen auf eine sehr spezielle Weise unter die Lupe. Sie entwickeln dramatische Situationen, in denen Archetypisches sich in Stellung bringt, verschaffen den Nöten und Wünschen der Protagonisten den ihnen eigenen »pawlatschigen«, wohl reflektierten Ausdruck.

Man blickt in Horvath'sche Abgründe und steigt auf in den Himmel der Liebe, um gleich wieder von einem »Schmäh« heruntergeholt zu werden.

»Woll'ns hutschen Gnä' Frau? Dann steig'ns ein! Wahrscheinlich passiert Ihnen vielleicht eh gar nix!«

Hommage

Wer ist dieser geheimnisvolle, gegen die Pest imprägnierte, dem Fatum ergebene, das Unglück verschlafende, jammernde und doch lebenslustige »Liebe Augustin«?
Wir Wiener!

Wer hält dem Blick des Basilisken seit Jahrhunderten stand?
Wir Wiener!

Wer folgt dem Donauweibchen und geht dabei nicht unter?
Wir Wiener!

Wer lässt sich vom ›Barbier von Sievering‹ balbieren!
Wir Wiener!

Wer gibt der Stadt ihr weiches Moll?
Wir Wiener!

Wer kann der Welt von Aufstieg, Glanz und Untergang erzählen?
Wir Wiener!

Wer bringt die ganze Welt zum Tanzen und zum Singen ?
Wir Wiener!

Wer vergisst das alles immer wieder?
...!

Vorwort

Dieses Vorwort zu diesem Buch sollte nicht ich schreiben. Das Vorwort zu diesem Buch sollte eigentlich Rolf Schwendter schreiben. Zwei Tage vor seinem plötzlichen Tod, dem 21. Juli 2013, haben wir es so telefonisch besprochen. Leider haben die Götter anders entschieden. Wieder hat sich das alte Sprichwort bewahrheitet: »Wenn du die Götter zum Lachen bringen willst, mach einen Plan.«

Warum hätte Rolf das Vorwort schreiben sollen? (Wer ihn nicht kennt, sei auf Wikipedia verwiesen. Er war zu vieles, um es hier zu beschreiben.) Er war unser Freund, Mentor, Kritiker, er war profunder und kompetenter Theaterkenner und, was das Wichtigste ist, er hat jedes unserer Stücke besucht. So eben auch die Praterg'schicht'n bzw. deren Nachfolger, das Wiener Komödientheater. Manches hat ihm gefallen, anderes weniger – wie immer im Theater. Oft hatte er auch – teils gemäßigte – Kritik geäußert. Aber:»Ich bin ja kein Masochist, dass ich mir das jedes Jahr antue, wenn es mir nicht gefällt!« (Rolf-Originalzitat auf meine Frage, ob es ihm gefallen habe.) Jedenfalls hat er, auf meine Anfrage, ob er bereit wäre, das Vorwort zu den besten Sketchen und Szenen aus so vielen Jahren Praterg'schicht'n zu schreiben, sofort enthusiastisch Ja gesagt. Nun, was halt bei Rolf so als enthusiastisches »Ja« zu werten war. Rolf war selten enthusiastisch. (Essen und Katzen ausgenommen.) Ein:»Du warst heute großartig!« – was jeder Schauspieler gerne hört –, tja, darauf wartete man wohl vergebens. Manchmal habe ich ein »passabel« ergattert. Rolf-Kenner haben mich darum beneidet! Rolf, unser »Avatar«, wie Erwin Leder, unser Freund und Kollege, es so treffend in einem Nachruf formulierte, ist nicht mehr bei uns. Zumindest nicht körperlich. Vielleicht jedoch ist er jetzt immer mit uns.

Ein Vorwort zu einem lustigen und heiteren Buch mit Tränen in den Augen zu schreiben, das ist Wien, das ist das viel zitierte »Wienerherz«. Und es gehört ins Herz von Wien, dem Wiener Prater.

Und weil Rolf das Vorwort nun nicht mehr schreiben kann, sei auch ihm dieses Buch gewidmet. Danke, Rolf.

Manuel Girisch, Juli 2013 und März 2016

Vorworte der Autoren

Die Idee zu den »Praterg'schicht'n« entstand im Jahr 2001 aus der Situation, dass im Sommer in Wien das Sprechtheater nahezu brachlag, und die Theaterinteressierten sich für den sommerlichen Theatergenuss mehr oder weniger aufs Land begeben mussten. Mittlerweile hat sich die Situation im Wiener Sommer geändert.

»Praterg'schicht'n« sollte eine bunte Mischung aus Musik, Kabarett und Theater sein. Die anfänglich starke Anlehnung an die einstige Kaffeehausliteratur wich bereits in den ersten Jahren immer mehr einem heiteren Reigen aus selbst erdachten, teils nostalgischen, teils aktuellen gesellschafts- und sozialkritischen, aber vor allem komischen Sketchen. Das jährliche Programm bekam jeweils einen eigenen Untertitel und einen jeweiligen roten Faden, um den sich die lose aneinandergereihten je fünfzehn Szenen rankten. Im Laufe der Jahre entwickelten sich die »Praterg'schicht'n« mehr und mehr zu einem Stück, das nicht nur den Prater und seine Geschichte zum Inhalt hatte, sondern über die Wienerinnen und Wiener im Allgemeinen erzählte. Ins Zentrum rückten Figuren, die man aus den Wiener Vorstädten kannte und kennt.

Die Texte bzw. Sketche wurden im Vorfeld von Manuel Girisch und mir verfasst und anschließend mit einem nahezu jährlich wechselnden Ensemble von vier bis sechs Schauspielerinnen und Schauspielern, die sich stark einbringen konnten, umgesetzt. Spaß an der Arbeit war für mich als Regisseurin immer oberstes Gebot, denn nur so konnten die Komik, der Humor und die Leichtigkeit dieser kabarettistischen Sommerunterhaltung auf das Publikum überspringen.

Das Projekt startete schließlich im Sommer 2002 im Theater im Prater (in der Freizone, beim Eingang Ausstellungsstraße), in einem vierhundert Personen fassenden Saal, der mit Fresken von Prof. Franz Vana gestaltet war. Ihn konnten wir auch für die Bemalung unserer »Praterg'schicht'n«-Kulissen gewinnen, die uns bis zuletzt als malerischer Hintergrund dienten. Bis 2005, bis zum Abriss des Theatersaals, hatten wir dort unsere künstlerische Heimat. In den Jahren 2006 und 2007 spielten wir in der Vorstadt (Herbststraße 37) im 16. Bezirk. Ottakring blieb auch bis zum Schluss unser Zuhause. Von 2008 bis 2010 gastierten wir im Theater im Werkraum (Ludo-Hartmann-Platz 7) und schließlich die letzten Jahre in der Galerie Heinrich (Thaliastraße 12). Mit neuem Konzept und teilweise neuem Team gingen die »Praterg'schicht'n« 2012 direkt in das »Wiener Komödientheater« über. Nach zwei Sommern beschlossen wir aus unterschiedlichen Gründen, die »»Praterg'schicht'n« bzw. das »Wiener Komödientheater« einzustellen oder zumindest eine Pause einzulegen – man kann ja nie wissen!

Es waren viele schöne Jahre mit großartigen Kolleginnen und Kollegen, denen ich sehr für die Zusammenarbeit und ihren Einsatz danke!

Und viele schöne Jahre mit tollem Publikum, ohne das unsere freie Produktion nicht zu diesem großen Erfolg geworden wäre. Im Laufe der Jahre hat sich auch eine beachtenswerte Schar an Stammgästen etabliert.

Renate Woltron, Mai 2016

Teil 1 Prater

RENATE WOLTRON & MANUEL GIRISCH

PRATER-ATTRAKTIONEN TRETEN ALS ALLEGORIEN AUF (2004/2005)

Das Karussell

I bin das oide Karussell. Na ja, ganz neu bin ich nicht. Aber runderneuert. Und ich dreh' mich täglich Hunderte Male um die eigene Achse. Unguat is' immer nur diese Schreierei von den Kindern, aber was soll ma do moch'n. Die wollen ja auch nur ihren Spaß haben. – Was macht denn den Prater aus, wenn net wir – die Attraktionen, das Ringelspiel, die Geisterbahn, das Riesenrad, die Liliputbahn, das gute Essen. Wir sind die Prater-Attraktionen, wir begleiten euch durch euer ganzes Leben. Im Kinderwagen, wie die Oma euch durch die Hauptallee geschoben hat. Und dann die Erstkommunion, die weißen Kleider, die feschen Burschen, dann die Firmung, die goldene Uhr. Und wo fahrt man dann hin? Na, in den Prater. Auch eine Hochzeitstafel im Englischen Reiter macht sich gut, mit aner Kapelle, die spielt bis spät in die Nacht. Und net wenige haben schon ihre goldene Hochzeit im Prater g'feiert. Und auch nach einer schö-

15

nen Leich' kann der Prater nur aufheitern. Denn immerhin san wir in Wien. Und Tod und Freud' – das gehört bei uns z'samm' wie die Zeit und das Leben.

Der Musiker

Als Musiker hat man's nicht mehr leicht im Prater. Die Jugend ruiniert einem das ganze G'schäft. Früher hat ma nix braucht. Außer mi, die Gitarre und das Meer. Heut' gibt's immer no a Meer und mi, aber Gitarren gibt's wie Sand am Meer. Ja, seh'n S', da is' schon einer. Das sind ja alles keine Musiker mehr, das sind höchstens Musikanten.

Die Langos-Verkäuferin

Kommen S' nur näher, bei uns gibt's die Riesenlangos. Für die brauchen S' fast einen Waffenschein. Aber net, weil s' so g'fährlich san, sondern weil s' so groß san. Und unsere Schaumhäferl san a Gedicht! Aber eins von einem Dichter aus der freien Szene – nicht von einem Subventionierten. Und auch nicht die moderne Poesie, sondern die guaten oiden Dichter.

Die Hochschaubahn

Als Hochschaubahn schau' ich auf die anderen Leut' und ich seh' es nicht gern, wenn jemand höher hinaus will als ich. Ich g'hör zur Aristokratie der Attraktionen. Ich bin nicht nur vom alten Schlag, ich g'hör sogar zu den Gründungsmitgliedern, das darf man nicht vergessen. Heut' ruht auf meinen Schultern sogar ein Kaffeehaus, wo S' die Kaiser-Melange genießen können. Wie dazumal der Kaiser in Per-

son. Und solltet's Ihr bei mir keinen Spaß haben, wär' das
ein Wunder, und ich tät' selig g'sprochen werden.

Der Lazi

»Ich will« is' in Wien immer schwer. »I hätt' gern« funktio-
niert besser – meistens. Sie wissen eh noch, wer ich bin, gell.
I bin nämlich schon wieder Ihnen gefolgt und nicht Sie mir.
Und was i gern hätt', das überlass' ich Ihrer Fantasie.

Das Spiegelkabinett

Meinen Würstelstand hab' ich verkauft, aber dafür betreib'
ich jetzt mit meinem Mann zusammen das Spiegelkabinett.
Das bringt viele verschiedene Facetten ans Licht. Nur aufpassen muss man, dass man sich nicht verrennt. Weil es ist
leicht, wenn einem jemand einen Spiegel vorhält, um sich
selbst zu erkennen. Aber schwer is', in all den Spiegelungen
seinen Lebensweg zu finden. A Spiegelkabinett is' wie ein
Narrenkastl. Schaut ma eini, sieht man nur Narren. Aber
wenn man einmal aussikummt aus dem Kastl, dann liegt der
Lebensweg grad' vor dir.

Der Liliputbahn-Chauffeur

Die Liliputbahn fahrt immer noch, und bald vielleicht sogar
zum Stadion und zurück. Schau'n S' mich an, neue Unifor-
men haben wir gekriegt. Das macht doch was her. A bissl
ungemütlich san s', aber wir werden uns schon daran ge-
wöhnen. Sie sollten einsteigen, weil so eine Fahrt find't auf
der ganzen Welt nicht ihresgleichen. Da machen S' a Zeitrei-
se. Da sehen S', wie der Prater früher ausg'schaut hat. Sie er-

leben die lauten Gastgärten, die stillen Auwälder, und wenn
Sie zurückkommen, finden S' unseren Prater genauso vor,
wie S' ihn verlassen haben. Laut und leise – schnell und langsam – zeitgemäß halt.

Liliputbahn-Ausrufer

Alles einsteigen! Kommen Sie. Eine Fahrt mit der Liliputbahn! – Sind Sie schon einmal mit der Liliputbahn gefahren? – Ja, natürlich! Als Kind. – Ja, das hab' ich mir gleich
gedacht. Damals, das waren noch Zeiten. Freiheit pur, wie
wir sie ersehnen. – Die gab es aber nie, gibt es wohl nie.
Noch dazu, wo heute jedermann jederzeit per Handy er-
reichbar ist. Apropos, bevor Sie einsteigen, vergessen S'
nicht, Ihre Handys auszuschalten, denn sonst kann's schon
passieren, dass Sie rausfallen. So ganz zufällig. Sie verstehen? Und auch ein Blitzlicht wollen wir nicht sehen. Sonst ist
der Fahrer irritiert und kommt zum Schluss noch vom Gleis
ab. Also, Sie verstehen mich? Handyläuten und Fotografie-
ren sind nicht erlaubt. Dafür erleben S' auch eine unvergess-
liche Fahrt durch den Prater. Der nächste Zug kommt, wann
er will, gezogen von einer alten Dampflok. Ein schriller Pfiff
und schon geht's weiter. Munter und nicht zu schnell geht
die Fahrt dahin.

Königin der Nacht

Der Abend naht. Die Sterne beginnen zu leuchten. Die Königin der Nacht begleitet Sie auf eine Reise durch Ihre Träume. Laut und leise. Alles einsteigen, heißt es, und dann geht
die Fahrt auch schon los. Vielleicht mit dem Riesenrad, da
hebt sich der Waggon empor, hoch, höher, noch höher! Am
höchsten Punkt gibt es stumme Bewunderung, Rufe des Ent-

zückens, des Staunens, kleine Schreie, schrilles Kreischen. Da drüben blinzelt das Spiegelkabinett, dort hört man einen Trommler, und der Ausrufer wird Sie in die Welt von Zauber und Illusion entführen.

Trommler bei Hochschaubahn

Alle einsteigen und anschnallen! Die Fahrt beginnt in wenigen Minuten. Meine Damen und Herren, nehmen Sie Platz. Auf geht's zu einer Reise zum Mond und zurück. Wie herrlich, der Welt entronnen zu sein, zwischen Himmel und Erde zu schweben, grenzenlos, zeitlos, schwerelos.

Spiegelkabinett

Kommen Sie näher. Hier weilt die Muse. Wir halten Ihnen nicht nur einen, sondern viele, viele Spiegel vor. Da gibt es für jeden etwas. Erkennen Sie sich selbst. Und vergessen Sie nicht, ein Spiegelkabinett ist wie ein Narrenkastl. Schaut ma eini, sieht man nur Narren. Aber wenn man einmal aussikummt, aus dem Kastl, dann liegt der Lebensweg grad' vor dir.

Genius Loci

Ringelspiele, Autodrom, Liliputbahn, Riesenrad, Hochschaubahn, die Geisterbahn, Mysterien und Kuriositäten, ein weltumspannendes Kulinarium – Bier, Stelzen, Langos und vieles mehr – das alles ist der Prater. Wir werden mit unseren Geschichten einen Blick auf den Prater von einst und heute werfen. Der Prater war und ist ein Auffangbecken von Leuten aus vielen Nationen, ein Treffpunkt von Jung und Alt, ein Vergnügungsareal für alle Schichten. Aus aller Herren Länder kamen und kommen sie. Sie verstehen – früher oder später landet jeder im Prater. Also, Sie sehen: Widerstand ist zwecklos. Folgen Sie uns auf eine Reise durch Zauber und Illusion, Märchen und Anekdoten! Aller Alltagsstress, alle Sorgen werden weggewischt wie von einem Feen-Zaubertuch. Das Spiel ist eröffnet. Genießen Sie den Augenblick, festhalten lässt er sich ohnehin nicht. *(FEUER-ZAUBER)*

Königin der Nacht

Das Ringelspiel dreht sich, die Leute klatschen, die Kinder lachen. Und ich, die Königin der Nacht, ich bin die schönste und geheimnisvollste Illusion der Gegenwart. Glauben Sie's mir. *(Ab.)*

Liliputbahn-Ausrufer

Als Ausrufer ist man immer furchtbar aufgeregt. Man schreit und tobt und erzählt der ganzen Welt, was man für wunderbare Entdeckungen zu bieten hat. Begleiten Sie mich also auf eine wunderbare Entdeckungsfahrt. *(Ab.)*

Spiegelkabinett

Einmal groß, einmal klein, dann wieder dick oder dünn. Viele Spiegel zeigen Ihnen viele Facetten. Aber passen S' auf, dass Sie sich nicht am Glas schneiden. Manchmal schreckt man sich selber am meisten, wenn man die Wahrheit erkennt. Oder wissen Sie selbst immer so genau Bescheid über sich selbst? *(Ab.)*

Trommler

Wir Musiker spielen immer. Manchmal mit Karten, manchmal mit Burschen, aber am liebsten mit unseren Instrumenten. Von drüben klappern die Teller, klirren die Gläser, tönt das Lachen und Rufen der Gäste. Ringsum lärmt der junge Prater. Wir lassen uns aber nicht irritieren, wir spielen weiter – unser Spiel und unsere leisen, alten Lieder. *(Ab.)*

Genius Loci (liest aus dem »Buch der Weisheit«):

Ja, der Prater hat viel zu bieten. Ich zeige Ihnen Szenen, die sich gerade jetzt irgendwo im Prater abspielen oder abgespielt haben. Hier zum Beispiel steht ein kleines Gasthaus mit einem herzigen Gastgarten. Es ist nichts los. Die Stühle stehen und warten. Es ist Abend geworden und plötzlich kommen zwei Gäste. *(Säule ab.)*

AN DER SCHIESSBUDE (2002/2003)

(Ein junges Mädchen schlendert Richtung Schießbude, der Schießbudenmann mit ungarischem Akzent spricht sie an.)
Schießbudenmann: Meine Damen und Herren, treten Sie näher – 3 Schuss, ein Euro. – Na, mein Fräulein, wollen Sie nicht Ihr Glück versuchen?
Mädchen: Gerne. – Sie sind aber nicht von hier!
Schießbudenmann: Nein, ich mach' bei einem Gastarbeiter-Austauschprogramm mit. Der Kollege ist grad Kellner in Budapest. Ich will weiter nach Paris. Eigentlich bin ich ja Schriftsteller.
Mädchen: Und wie gefällt Ihnen unsere Wiener Stadt?
Schießbudenmann: Herrliches Baratzk – Barock.
Mädchen: Und die süßen Wiener Maderln?

Schießbudenmann: Offen gesagt: Ich kann mit jungen Mädchen nichts anfangen. Ich war schon zu oft verlobt und hatte nur bittere Enttäuschungen, weil sie eben zu jung waren, um meinem Ich Verständnis entgegenbringen zu können. Bei jungen Mädchen verschwendet man seine Gefühle an die falsche Adresse. Dann schon lieber eine reifere Frau, die einem auch etwas geben kann.

Mädchen: Wo wohnen Sie denn?

Schießbudenmann: Hier in der Bude, aber ich möchte gern ausziehen.

Mädchen: Ich hätt' ein möbliertes Zimmer.

Schießbudenmann: Preiswert?

Mädchen: Geschenkt.

Schießbudenmann: Das träfe sich ja langosch, äh, Fogosch, vamosch ...

Mädchen: Famos?

Schießbudenmann: Ja, genau!

Mädchen: Sagen Sie einmal, wie heißen Sie denn? Ich bin die Marianne.

Schießbudenmann: Ödön.

Mädchen: Ist Ihnen schlecht?

Schießbudenmann: Nein, das ist mein Name.

Mädchen: Komisch.

Schießbudenmann: Nein, ungarisch.

(Der Schießbudenmann gibt dem Mädchen ein Gewehr, es schießt und trifft.)

Schießbudenmann: Na, wer so gut schießen kann, der muss ein echter Wiener sein. *(Er überreicht ihm einen Gewinn.)* Gehen wir ein Stück spazieren?

Mädchen: Aber gerne.

Schießbudenmann (zu einem Kollegen): Geh, pass einmal kurz auf meinen Stand auf.

(Die beiden spazieren ein paar Schritte und setzen sich dann auf eine Bank. Eine Touristin kommt auf sie zu.)

Touristin: Könnten Sie mir vielleicht helfen? Ich suche das Riesenrad.

Mädchen (verwundert): Aber, da drüben ist es ja.

Touristin: Ja, wo denn?

Mädchen: Sehen Sie vielleicht ein bisserl schlecht?

Touristin: Nein, aber ich seh' da nur so ein großes Gerüst mit Gondeln drauf.

Mädchen: Ja, das ist es ja!

Touristin: Was? Das ist das berühmte Riesenrad?

Mädchen: Ja, das gibt's schon seit 110 Jahren.

Touristin: Ach so, deswegen …

Mädchen: Wie meinen Sie das?

Touristin: Ja, nur, weil bei uns in Tirol glauben die Leute, das Riesenrad ist aus Holz.

Mädchen: Geh'n S', des is' doch ein Schmäh.

Touristin: Nein, das stimmt wirklich!

Schießbudenmann: Sie wirken überhaupt etwas verloren!

Touristin: Nein, nein. Ich bin nur auf Urlaub in Wien und besichtige verschiedene Sehenswürdigkeiten.

Schießbudenmann: Da müssen Sie unbedingt nach Schönbrunn und die Schatzkammer dürfen Sie auch nicht vergessen. Überhaupt – Wien hat ja so viele historische Schätze.

Touristin: Vielleicht können Sie mir ja eine Wiener Besonderheit empfehlen.

Schießbudenmann: Ja, Sie müssen unbedingt das Wiener Nachtleben kennenlernen.

Mädchen: Geh, bitte! Dafür ist sie doch schon zu überwuzelt!

Touristin: Apropos Nachtleben: Das Hemd verkotzt, die Hos' verschissen, vom ganzen Abend nix mehr wissen, und dann nach Haus auf alle vier, bladelwach von zu viel

Bier, hinüber auch der letzte Sinn, das ist das Nachtleben in Wien.

Schießbudenmann: Die Frau kennt sich aus! Und was halten Sie von den Wienern?

Touristin: Ein Wiener ist ein Raunzer.

Schießbudenmann: Und zwei Wiener?

Touristin: Eine Heurigenpartie.

Schießbudenmann: Ah, und drei Wiener?

Touristin: Geh'n S', das gibt's doch gar nicht. Einer von denen kommt bestimmt aus Brünn.

Mädchen: Oder aus Ungarn.

Schießbudenmann: Da muss ich erst einmal darüber nachtrinken.

Mädchen: Vielleicht sollten Sie sich doch besser die wunderbaren Kirchen anschauen – die Karlskirche, den Stephansdom.

Touristin: Ja, danke. Aber Sie wissen ja: Kirchen von außen, Berge von unten und Wirtshäuser von innen. Sie haben mir jetzt aber trotzdem sehr weitergeholfen. Wiederschauen! *(Ab.)*

Schießbudenmann (ruft ihr nach): Übrigens hat im Prater jetzt auch eine Oben-ohne-Bar eröffnet!

Mädchen: Echt?

Schießbudenmann: Ja! Und warum die so heißt, weißt du spätestens, wenn es dir ins Bier regnet.

PRATERDIRNE (2005)

Strizzi: Was stehst denn da in der Gegend herum?

Praterdirne: Aber, ich hab doch nur …

Strizzi: Doch nur brauchst du da gar nicht. An die Arbeit mit dir. Hast in letzter Zeit eh so obizaht.

Praterdirne: Ich will nicht mehr.

Strizzi: Jetzt pass einmal auf!

Praterdirne: Jetzt hör mal, ich kann das nicht. Ich hab's ja schon versucht, aber ich kann mich nur einem Manne hingeben, den ich aus ganzer Seele mag.

Strizzi: Red ka Blech, Madl. Übung macht den Meister.

Praterdirne: Mir reicht's. Ich lass mich nicht länger unterdrücken. Ich steig' aus und such' mir einen ordentlichen Beruf. *(Sie stellt sich zur Seite.)*

Strizzi: Guat, hau di über d'Häuser. Baba und fall net. I wünsch' dir ois Guade. – Na ja, hat eh nie viel ein'bracht. So is' es halt mit die Madln. Wer a Geld hat, kriagt ans von meine Madln, und wer kans hat, der fahrt mit'm Riesenradl. Mir is' alles ans, mir is' alles ans, ob i Geld hob oder kans. – Blödsinn! *(Ab.)*

Praterdirne: Ich hab einen armen alten Vater, der mich zwar lang nicht akzeptiert hat, weil ich ein Mädel geworden bin, der mich aber über alles liebt und doch immer nur mein Bestes wollte. Als einziges Kind kein Bub zu sein, ist – war halt damals – eine Enttäuschung. Ich hab ihm Schmerz zugefügt, Kummer und Sorgen bereitet, war ungehorsam und undankbar. Ich bin einfach davongelaufen und hab mich an ein verkommenes Subjekt geklammert. Der ist ja nur ein kleiner Gauner, hat nie den Ehrgeiz besessen, in die höheren Gangsterkreise aufzusteigen. Ich brauch einen Mann, der es ehrlich mit mir meint und nicht nur darauf aus ist, dass ich ihm wie Eva dem Adam jeden besten Bissen zuschieben muss. Solche Typen sind nicht mehr mein Fall! Mir reicht's jedenfalls. Jetzt wird sich alles ändern! *(Ab.)*

(Blumenfrau kommt.)

Blumenfrau (mit Blumenkorb): Veilchen gefällig? Rosen, Tulpen. Alles wunderbar. *(Sie singt vor sich hin.)*

Praterdirne: Wie Sie schön singen!

Blumenfrau: Danke. Ich bin jetzt auch ans Ronacher engagiert worden. Die haben jetzt so hohe Subventionen gekriegt, da kann man natürlich nicht widerstehen. Das schlägt sich hoffentlich auch in den Gagen nieder. – Nur hab ich deswegen für mein Blumenstandl nicht mehr viel Zeit.

Praterdirne: Das ist aber ein Zufall. Ich such' nämlich gerade eine Arbeit. Vielleicht können Sie mich ja brauchen.

Blumenfrau: Ja, kräftig scheinst ja zu sein. Weil ja die Blumenkörbe manchmal recht schwer sind, verstehst.

Praterdirne (zur Seite): Ja, das hat man mir letztes Jahr bei den Tabletts mit den Stelzen auch schon erzählt.

Blumenfrau: Wie heißt du denn?

Praterdirne: Milli.

Blumenfrau: Und woher kommst?

Praterdirne: Aus Prag. Und morgen kommt mich mein Papa besuchen. Und damit er stolz sein kann auf mich, bräuchte ich halt eine anständige Arbeit. Wissen S', mein Vater und ich, wir sind zwei verschiedene Personen. Zum Beispiel, wie ich das Licht der Welt erblickt habe, da war er ganz außer sich, dass ich nur ein Mädel geworden bin. Und das hat er mir dann immer wieder nachgetragen.

Blumenfrau: Was? Das Licht?

Praterdirne: Na, das hat er unter'n Scheffel g'stellt. – Dabei hat er aber Allüren wie jeder jüdische Weltmann. Wenn meine Mutter nicht schon tot wär, die könnt' darüber so manches trübe Lied zum Besten geben.

Blumenfrau: Alle Männer sind krasse Egoisten und alle Frauen krasse Masochisten. – Weißt was, komm morgen bei mir vorbei und dann besprechen wir alles Weitere.

Praterdirne: Danke. Ich komm gleich in der Früh. Da wird mein Vater stolz sein. Und er freut sich schon so auf den Prater.

26

Blumenfrau: Der Stoff, aus dem die Träume sind. Na, da kann er sich auf einiges gefasst machen. Bei uns im Prater is' immer was los.

Praterdirne: Ja, da haben S' recht. Aber jetzt muss ich weiter. Auf Wiedersehen. *(Ab.)*

Blumenfrau: Auf Wiedersehen. – So ein nettes Mädel. Die wird sicher ihre Freude an den Blumen haben. *(Singt a cappella)* Es grünt so grün, wenn Spaniens Blüten blühen. Es grünt so grün, wenn Spaniens Blüten blühen.

(Ein Strizzi tritt auf.)

Strizzi: I glaub, jetzt hat s'as. *(Er zeigt einen »Vogel«.)*

Blumenfrau: Es grünt so grün, wenn Spaniens Blüten blühen.

Strizzi: Bitte?! Wann ergrünt das Grün?

Blumenfrau: Wenn die Blüten erblühen.

Strizzi: Blüten. *(Er zählt seine Geldscheine.)* Aha – interessant. Ich hätt' gern ein Sträußerl von den Rosen.

Blumenfrau: Für Ihre Liebste?

Strizzi: Na ja, für ein Mädel, das ich gerade getroffen hab. Sie ist erst nach Wien gezogen und kennt sich noch nicht so gut aus. Jetzt will ich ihr ein bisschen helfen.

Blumenfrau: Aha, verstehe. Wer a Geld hat, der macht was aus sich, und wer kans hat, geht am Praterstrich.

Strizzi: Es ist die Aufgabe der Frauen, sich durchzusetzen, und nicht der Männer.

Blumenfrau: Die Männer reden oft deppert daher.

Strizzi: I red' vielleicht deppert daher, aber i bin's net.

Blumenfrau: Wissen S' was, kommen S' mit zu meinem Standl, da hab ich eine größere Auswahl. Da werden S' nicht widerstehen können.

FÜNFKREUZERTANZ (2007)

(Ein Dienstmädchen wartet vor einem Prater-Wirtshaus auf ihren Verehrer, einen Handwerksburschen.)

Dienstmädchen (ungeduldig): Wo bleibt er denn bloß? Ich mag gar nicht gerne hier am Abend allein herumstehen.

Soldat (kommt): Servus. Ist der Fritz noch nicht da?

Dienstmädchen: Nein, wahrscheinlich lasst ihn sein Chef wieder nicht gehen. Die haben in letzter Zeit so viel Arbeit in der Werkstatt.

Soldat: Ja, die kleinen Leute haben immer das Nachsehen.

Dienstmädchen: Heute wollen wir aber einmal unseren Spaß haben beim Fünfkreuzertanz.

Handwerksbursche (kommt): Grüß Euch. Entschuldigt die Verspätung, es war so viel los. Ich hab übrigens die Wäschefee vom Nachbarhaus eingeladen. Die müsste auch gleich kommen.

Soldat: Wahrscheinlich als Begleitung für mich.

Handwerksbursche: Ja, sicher. Damit du auch jemanden zur Unterhaltung hast. Sie ist eine sehr charmante Person.

Wäscherin (kommt): Grüßi.

Handwerksbursche: Servus, wie geht's dir denn?

Wäscherin: Na, wie immer.

Soldat: Oh, das tut mir leid.

Wäscherin: Aber es freut mich, dass ihr mich zum Tanzen mitnehmt. Vor lauter Waschen ist mein Blick schon ganz vernebelt. Da tut es gut, einmal aus der Stube rauszukommen.

Handwerksbursche: Ja, das versteh' ich. Ich sitz' so gern in Grinzing bei an Bier, in der Heinz-Conrads-Gass'n Nummer vier.

Soldat: Ein Bier? Und das beim Heurigen?

Handwerksbursche: Na ja, mit dem Bier ist es einfacher, das kommt nämlich aus der Dose. Beim Wein muss man sich ja auskennen.

Dienstmädchen: Südhang – Nordhang.

Wäscherin: Rot – weiß.

Dienstmädchen: Die Temperatur: warm – kalt.

Soldat: Du hast ja irgendwie recht. Letztens hatte ich ein Bukett wie ein nasser Hund.

Handwerksbursche: Was, du?

Soldat: Nein, der Wein.

Dienstmädchen: Was gibt's denn für Arten beim Wein?

Wäscherin: Das heißt doch Sorten – Weinsorten.

Soldat: Na ja, zum Beispiel den Hinterberger Heckenklescher aus der Steiermark, ein besonders kernöliger Tropfen. Dann ein besonderer Schädelsprenger aus dem Burgenland, der Bad Tatzmannsdorfer Haxenbrecher.

Wäscherin: Den gibt's aber nur in weiß.

Dienstmädchen: Und ich hab' so meine Erfahrungen mit dem Brünnerstraßler Magenhebel gemacht.

Wäscherin: Ja, man sollte nie zu viel trinken.

Handwerksbursche: Man sollte in Massen genießen.

Wäscherin: Nein, in Maßen.

Soldat: Und das Wichtigste beim Alkoholkonsum ist, dass man vorbeugt.

Handwerksbursche: Denn vorbeugen ist besser …

Dienstmädchen: … als auf die Schuhe zu kotzen.

Wäscherin: Es soll ja übrigens Leute geben, die behaupten, man kann auch ohne Alkohol nüchtern sein.

Soldat: Wie heißt du denn eigentlich?

Wäscherin: Elisabeth.

Soldat: Die heilige?

Wäscherin: Aber nein, die wäre ja schon 800 Jahre alt.

Soldat: Bist du Single?

Wäscherin: Momentan ja, aber ich war schon einmal verheiratet. Nur ist er leider an der Vogelgrippe gestorben.

Dienstmädchen: Oh!

Wäscherin: Tja, manche Männer sind dafür geschaffen, eines Tages glückliche Witwen zu hinterlassen.

Handwerksbursche: Oje, ich hab ja auch einen Vogel zu Hause.

Wäscherin: Mach dir keine Sorgen, ein Vogel macht noch keine Grippe.

Dienstmädchen: Was war dein Mann denn von Beruf?

Wäscherin: Zauberkünstler.

Soldat: Und was war seine beste Nummer?

Wäscherin: Er zersägte Mädchen.

Dienstmädchen: Ist das schwer?

Wäscherin: Nein, das hat er schon als Kind gekonnt.

Dienstmädchen: Hatte er Geschwister?

Wäscherin: Ja, sieben Halbschwestern.

Handwerksbursche: Das nennt man Geschwisterliebe.

Dienstmädchen: Die Liebe ist halt das Einzige, was wirklich zählt.

Handwerksbursche: Wenn ich meinen Nächsten liebe, liebe ich alle Menschen.

Dienstmädchen: Man findet aber oft zwei Menschen, die sich gegenseitig lieben, für andere jedoch keinerlei Liebe empfinden.

Handwerksbursche: Liebe ist die Grundstruktur der Wirklichkeit.

Wäscherin: Da treten mitten im Scherze die Tränen ins Auge mir, denn die, mich lieben von Herzen, sind alle so weit von hier. *(Rotzt und röhrt ins Taschentuch.)*

Soldat: Oh, und des is' a Fee?

Wäscherin: Mann, bist du blöd, Mann.

Handwerksbursche: Ja, so erobert die Werbung den Platz der Poesie. Bei den Subventionskürzungen im Theaterbereich wären Goethe und Schiller heute Werbetexter.

Soldat (blickt in die Ferne, alle schauen): Was gibt's denn da? Was ist denn los?

Wäscherin: Mir scheint, es setzt a Gaudi.

Dienstmädchen: San zu viele Leut', man kann nix sehen.

Wäscherin: Was kann das sein?

Handwerksbursche: Ich glaub', das is' a Pause.

Soldat: Kommt's schnell, das schauen wir uns aus der Nähe an. *(Ab.)*

DIE WAHRSAGERIN (2004)

(Eine Wahrsagerin in rotem Oberteil, Gold-Umhang, mit Kopftuch, Glaskugel, Ringen und großen Ohrringen sitzt an einem Tisch.)

Wahrsagerin: Meine Herrschaften, treten Sie näher, hier ist der Weg zum Paradies! Kommen Sie, ich sag' Ihnen die Zukunft voraus! Sie sagen mir, was Sie heute im Prater gegessen haben und ich sag' Ihnen, was Sie heute Abend erwartet. Oder wollen Sie wissen, wer der nächste Bundespräsident wird?

(Ein Prater-Ausrufer mit dem Schild »Die Dame ohne Unterleib« tritt näher.)

Ausrufer: Meine Herrschaften, hier ist sie, hier lebt sie, hier kann man sie sehen – die Dame ohne Unterleib. Kostet eh nur eine Bagatelle. Treten Sie näher! Sie ist äußerst günstig in der Haltung. Deswegen kostet sie auch nur die Hälfte, weil Sie ja auch nur die Hälfte sehen. Wir zeigen Ihnen alles, die ganze Hälfte. Kinder zahlen nur ein Viertel.

Wahrsagerin: Also, du vertreibst mir die ganze Kundschaft mit deiner Kreatur!

Ausrufer: Was heißt da Kreatur? Sie ist ein Kuriosum, sie ist einmalig. Aber du mit deinen Glaskugeln, dir glaubt ja sowieso keiner was. Das Einzige, was du voraussagen kannst, ist, dass du bald zusperren kannst, weil dir die Kundschaft ausbleibt. Und dazu muss man kein Wahrsager sein.

Wahrsagerin: Und du kannst nicht einmal zusperren, weil du nur ein Zelt hast, und das hat kein Schloss. Für die nächste Kundschaft, die vorbeikommt, werde ich einen Blick in die Zukunft werfen und dich nicht einmal eines Blickes würdigen.

Ausrufer: In die Zukunft? – Der einzige Blick, den du wirfst, ist höchstens in das Börsel deiner Kundschaft.

Wahrsagerin: Da warten wir erst einmal ab!

Ausrufer: Ja, dann schauen wir mal!

Wahrsagerin: Dann werden wir schon sehen! – Ich kann schließlich die Zukunft voraussagen.

Ausrufer: Und was siehst du bei mir?

(Von hinten nähert sich ein Polizist, die Wahrsagerin erblickt ihn.)

Wahrsagerin (geht Richtung Ausgang): Also, ich seh', dass gleich ein Problem auf dich zukommt – nämlich in Form einer Behörde.

Ausrufer: So ein Blödsinn!

Polizist: Guten Abend. Ihren Ausweis und die Standgenehmigung bitte.

(Tusch)

DER WUNDERHEILER (2005)

(Ein Wunderheiler mit Koffer trifft auf eine Würstelfrau beim Würstelstand im Prater.)

Wunderheiler: Die Riviera, die Copacabana, Malibu – alles kenn' ich, sogar den Donaukanal.

Würstelfrau: So ein Weltenbummler sind Sie?!

Wunderheiler: Sie wissen ja, wie's heißt: Der Weg zu sich selbst ist ein Umweg durch die ganze Welt.

Würstelfrau: Und am Schluss landet man doch immer wieder im Prater.

Wunderheiler: Ein wunderbares Fleckchen Erde!

Würstelfrau: No, wollen S' nicht ein Paar Würstel?

Wunderheiler: Klingt verlockend. Wollen aber vielleicht nicht Sie etwas von meinen Heilwassern in Ihr Sortiment aufnehmen.

Würstelfrau: Was haben S' denn da zu bieten?

Wunderheiler: Das hier ist meine Spezialität! *(Er zeigt ein Fläschchen mit komischer Farbe.)* Damit können Sie alles kurieren: Halsweh, Kopfweh, Bauchweh und außerdem ist es ein ausgezeichnetes Silberputzmittel! Ich für meine Person bin konkurrenzlos, weil ich ein Spezialgeschäft bin. Mein Angebot reicht von Tropfen gegen Fußweh bis hin zu einem Wässerchen, auf das Sie so richtig die Seele baumeln lassen können.

Würstelfrau: Ich lass' lieber meine Kassa klingen.

(Ein Luftballonbastler aus Deutschland mit bundesdeutschem Akzent und grüner Perücke kommt dazu.)

Wunderheiler: Ich seh' schon, Sie sind eine harte Nuss.

Würstelfrau: Vielleicht kauft Ihnen ja der Grünschopf etwas ab.

Luftballonbastler: Na, wollen Sie mir vielleicht ein Tierchen abkaufen? Selbst gemacht.

Wunderheiler (klopft ihm auf den Kopf, die Perücke staubt): Das ist wohl die perfekte Welle?! Haarwaschmittel gefällig? Färbt auch! *(Er hält ihm ein Fläschchen hin.)*

Luftballonbastler: Also wirklich, angreifen brauchen Sie mich nicht!

Würstelfrau: Da zeigen sich wieder einmal die Kulturunterschiede von zwei Nachbarländern. – Der Österreicher unterscheidet sich vom Deutschen durch die gemeinsame Sprache.

Wunderheiler: Ja, wenn man schon so viel erlebt hat wie ich, dann kommt man drauf, dass das Leben an und für sich lauter Nachteile hat.

Würstelfrau: Klingt ja sehr deprimierend.

Wunderheiler: Jetzt bin ich wirklich deprimiert. Jetzt geh' ich heim, weinen.

Würstelfrau: Ja, ja. Wenn alle Stricke reißen, dann bleibt nur mehr der Strick. Auf Wiederschauen und beehren Sie uns bald wieder.

Wunderheiler: Auf Wiederschauen. *(Ab.)*

Würstelfrau: Was bringt denn Sie in den Prater?

Luftballonbastler: Ach, ich bin Schauspieler und muss mir nebenbei etwas dazuverdienen.

Würstelfrau: Kriegen Sie am Burgtheater so eine kleine Gage?

Luftballonbastler: Bin ja nicht am Burgtheater, dort liegt die bundesdeutsche Auslastung nämlich schon bei 100%.

Würstelfrau: Dann würde ich Ihnen empfehlen, Sie perfektionieren Ihr Modellballon-Basteln.

Luftballonbastler: Wieso? Ist eh schon perfekt!

(In diesem Moment zerplatzt eine Luftballon-Figur.)

GANGSTERPÄRCHEN (2006)

Calafatti: Kommen Sie näher. Ich entführe Sie in die Magie des Praters. Sie wissen ja, bei uns ist immer etwas los. Ich, Basilius Calafatti, meines Zeichens weltbester Magier mit Standort Prater, könnte Ihnen ja Geschichten aus meinem Leben erzählen. Aber Sie sind ja hier, um sich die Praterg'schicht'n anzuschauen. – Na ja, egal – machen Sie sich nur einen schönen Abend. Und lachen S' a bisserl.

Und vergessen S' auch das Klatschen nicht. Sie tun damit nicht nur uns, sondern auch Ihnen etwas Gutes. *(Ab.)*

(Ein Gangsterpärchen tritt auf.)

Gangsterbraut (lacht): Hast schon gehört, dass sie eine U-Bahn bauen, die unterm Prater durchgeht.

Gangsterboss: Na ja, besser eine U-Bahn als einen Flugplatz.

Gangsterbraut: Genau, da hauen sich ja weniger Leute davor ... vor so ein Flugzeug.

Gangsterboss: Eh, ein Flugzeug kommt von selber runter.

Gangsterbraut: Das ist halt der Unterschied zwischen Selbstmördern und Selbstmordkandidaten.

Gangsterboss: Irgendetwas ist da jedenfalls im Busch.

Gangsterbraut: Was ist Busch?

Gangsterboss: Der Ami, der den Irak in drei Zonen einteilen will: normal, super und bleifrei.

Gangsterbraut: Ach so, aber für den Irak-Krieg hat er doch Beweise gehabt.

Gangsterboss: Welche denn?

Gangsterbraut: Er hat der UNO bewiesen, dass der Irak Massenvernichtungswaffen hatte.

Gangsterboss: Wie?

Gangsterbraut: Er hat die Quittungen aufgehoben gehabt.

Gangsterboss: Hast denn keinen Friseur, dem du den Blödsinn erzählen kannst?

Gangsterbraut: Na, jedenfalls, ich weiß aus einer verlässlichen Quelle, dass in letzter Zeit jemand viele Fragen stellt.

Gangsterboss: Ein Fremder?

Gangsterbraut: Ja, der taucht immer ganz plötzlich auf und verschwindet dann wieder ganz schnell.

Gangsterboss: Hast du ihn schon gesehen?

Gangsterbraut: Nein, aber früher oder später wird uns der schon noch über den Weg laufen.

Gangsterboss: Gut, dann gemma weiter, damit nicht wir ihm über den Weg laufen.

(Das Gangsterpärchen geht ab, ein Mann schleicht sich als Beobachter/Verfolger an.)
Mann: Sehr interessant. Verdächtige Objekte geortet. Sehr interessant. Verfolgung aufnehmen! *(Er folgt dem Gangsterpärchen.)*

(Eine Blumenfrau tritt auf.)
Blumenfrau (zupft Blüten von einer Blume): Er liebt mich, er liebt mich nicht, er liebt mich, er liebt mich nicht ... – na ja, eh wurscht, ich hab' ja eh meine Blumen. Und es gibt sowieso nichts Schöneres als einen Spaziergang in der Prater Hauptallee.

(Eine Luftballonverkäuferin und ein Messerwerfer kommen dazu.)
Luftballonverkäuferin: Die macht auch nicht wirklich ein Geschäft.
Messerwerfer: Logisch, ist ja kein Wunder, die ist so selbstverliebt in ihre Sträucher und Stauden, dass sie nie welche verkaufen will. Und wenn einer mit ihr zu reden anfängt, hört sie ja nicht mehr auf. Da haust di' über d'Häuser.
Luftballonverkäuferin: Hä?
Messerwerfer: Da bleibt nur die Flucht.
Luftballonverkäuferin: Also, na geh, jetzt sei nicht so voreingenommen.
Messerwerfer: Besser voreingenommen als zurückgeblieben.
Luftballonverkäuferin: Hast ja eh deine Messer, um dich zu verteidigen.
Messerwerfer: Als Messerwerfer ist es eher mein Ziel, niemanden zu treffen. Ist doch logisch!
Luftballonverkäuferin: Ist dir bisher aber nicht immer gelungen.

Messerwerfer: Ausnahmen bestätigen die Regel. Ist doch logisch!

Luftballonverkäuferin: Ich hatte schon interessantere Gespräche, ... aber mit einem Wollpulli. – Na, komm! – Grüßi, Frau Rosa.

Messerwerfer (zur Seite): Steig' auf deinen Besen und zisch' ab!

Blumenfrau: Grüß euch. Sagt's, ist euch übrigens auch schon aufgefallen, dass in den letzten Tagen so eine komische Gestalt durch den Prater schleicht? Ich glaub', das ist ein verdreckter ... verdeckter Journalist. Der ist bestimmt auf der Suche nach einer Schlagzeile.

Messerwerfer (zur Seite): Geht schon los!

Luftballonverkäuferin: Hat er ja auch recht, bei uns im Prater ist immer etwas los.

Messerwerfer: Das klingt logisch.

Blumenfrau: Sie immer mit Ihrer Logik!

(Der Mann taucht auf, wird aber entdeckt und verschwindet gleich wieder.)

Messerwerfer: Habt ihr das gesehen, dort drüben ist er. Jetzt nehmen aber wir die Verfolgung auf.

Blumenfrau: Aber bitte langsam, ich hab' schwer zu tragen. *(Deutet auf ihren Blumenkorb.)*

Messerwerfer: Logisch! – Aber langsam werden wir ihn wahrscheinlich nicht erwischen.

Luftballonverkäuferin: Na ja, besser langsam als gar nicht.

(Der Messerwerfer, die Blumenfrau und die Luftballonverkäuferin gehen ab, das Gangsterpärchen tritt auf.)

Gangsterboss: Was rennen denn die so?!

Gangsterbraut: Als wären sie Schwerverbrecher.

Gangsterboss: Psst. Nicht dieses Wort!

Gangsterbraut: Wieso? Wir sind doch keine Schwerverbrecher, sondern nur kleine Gauner.

Gangsterboss: Psst! – Weißt du, du bist ja wirklich bezaubernd. Aber als Geschäftsfrau viel zu wenig diplomatisch.

Gangsterbraut: Das versteh' ich nicht.

(Der Mann tritt wieder auf, er ist außer Atem.)

Gangsterboss: Wurscht. – Aber schau! – *(Zum Mann)* Was ist denn mit Ihnen los?

Mann: Guten Tag, ich bin verfolgt worden. *(Das Gangsterpärchen schaut ihn verdutzt an.)* – Äh ... – von einem Hund.

Gangsterbraut: Oh, Sie Armer. Kommen S' mit uns mit. Wir laden Sie auf einen Schnaps ein. Gegen den Schreck.

Mann: Gut, gerne. Lieber den Magen verrenken als ein Schnäpschen verschenken.

Gangsterboss: Ach herrje, der hat sicher nichts in seinem Geldbörsel. Und nur eine Uhr aus Plastik! Sicher wieder ein Vollflopp!

IM VARIETÉ (2006)

(Zwei Männer treten als Frauen verkleidet auf. Sie arbeiten als Darsteller in einem Varieté und tragen schöne Abendkleider.)

Erster Mann (ruft nach hinten): Komm, geh weiter. Wir kommen gleich dran.

Zweiter Mann: Ja, ja, ich bin ja schon so weit.

Erster Mann: Na endlich.

Zweiter Mann: Und? – Wie gefällt dir mein neues Make-up?

Erster Mann: Ich seh' keinen Unterschied.

Zweiter Mann: Du bist immer so ignorant.

Erster Mann: Ist doch nicht wahr. Ich hab' genau gesehen, dass du eine neue Frisur hast.

Zweiter Mann: Die hab' ich aber schon seit gestern.

Erster Mann: Wichtiger ist, dass du die neuen Schrittfolgen kannst. – Schau, so geht's. *(Tanzt vor.)* – Zeig einmal!

Zweiter Mann (tanzt nach und stolpert): Auweh!

Erster Mann: Das müssen wir eindeutig noch verbessern.

Zweiter Mann: Und dem Neuen müssen wir noch schnell die Schritte zeigen und dann ab auf die Bühne. – Es sind heute ganz wichtige Leute bei uns im Varieté zu Gast. So richtige Bonzen und Politiker! Wisst's eh, Förderungen!!! Die Kunst braucht die!

Erster Mann: Geh, die brauchen doch das ganze Geld für die Umbauten zur Fußball-EM 2008 und für die Sporthilfe. Für uns bleibt da nix mehr über.

Zweiter Mann: Übertreib' doch nicht immer!

Erster Mann: Ist doch wahr.

Zweiter Mann: Jetzt wisst's ihr vielleicht endlich mein Engagement zu schätzen. Wie ich mir jedes Mal die Seele aus dem Leib spiele und singe!

Erster Mann: Ja, du Mimose. Du bist der Beste und wir alle lieben dich.

Zweiter Mann: Zähl' einmal bis zehn, ich brauch' eine halbe Stunde Ruhe von dir.

Erster Mann: Schluss jetzt mit dem Gesäusel. Raus auf die Bühne.

Zweiter Mann: Ja, ja, ist schon gut. Ich geh' eh schon. Auf zum andern Ufer!

ZAHNLUCKERT

HARALD HAVAS

Provisorien gehören zu Wien wie, na ja, Schnitzel und Apfelstrudel. Wenn sich wer über was nicht einigen kann oder kalmierend auf alle Seiten Rücksicht nehmen will oder weil sich irgendwie keiner so recht zuständig fühlt, bleibt oft alles, wie es gerade ist. Als Übergangslösung. Auch über Jahrhunderte. Wie im Falle des Stephansdoms, der seit nunmehr 300 Jahren auf die Fertigstellung seines Nordturms wartet. Eine Schlamperei von sogar für Wien historischem Ausmaße.

Es gibt aber auch das Gegenteil. Nämlich Dinge, die man nur für kurze Zeit irgendwohin gebaut hat – und die dann einfach stehen geblieben und langsam zu einem (wichtigen) Teil der Stadt geworden sind. Wie etwa die Kunsthalle am Karlsplatz, die 1992 als fensterloser Notcontainer in schlichtem Blau-Gelb unter heftigen Protesten, no na, errichtet wurde. Als die Kunsthalle 2001 ins neue Museumsquartier übersiedelte, hatten sich aber bereits alle so an den Container gewöhnt, dass es nunmehr heftige Proteste, no na, gegen seinen Abriss gab. Heraus kam wie so oft ein Wiener Kompromiss: Der Container wurde entfernt, aber der Ort blieb in Form eines verglasten Pavillons weiterhin für Kunstausstellungen erhalten.

Nicht viel anders lief die nur wenig allgemein bekannte Geschichte des Riesenrades ab. Denn auch dieses wurde nur temporär geplant und eigentlich nicht für die Ewigkeit erbaut. Es sollte eine besondere Attraktion zu Ehren Kaiser Franz Josephs I. sein, der sein 50. Thronjubiläum beging – und nach dem Fest wieder abgerissen werden. Wie andere baugleiche oder bauähnliche Riesenräder zu dieser Zeit rund um den Globus, in London, Blackpool oder Chicago. Doch irgendwie blieb das Ding einfach stehen und zählt nun zu den wichtigsten Sehenswürdigkeiten der Stadt.

Zahlreiche seltsame, beachtenswerte und oft kuriose Fakten ranken sich rund ums Rad. Hier ein paar davon. Das Gebiet, auf dem es steht, war ursprünglich ein als »Kaisergarten« bekannter Teil des Praters, der zunächst von englischen Betreibern gekauft wurde, die dort, well, dressierte Wölfe auftreten ließen. Das schien die Wiener aber nicht besonders zu interessieren, weshalb die Herren Pleite gingen. Eines hinterließen sie jedoch – den Namen: ab jener Zeit war der Flecken bei den Wienern nämlich als »Englischer Garten« bekannt. Dennoch ließ der nächste Pächter, Gabor Steiner, dort nicht etwa London in Wien, sondern das bekannte »Venedig in Wien« errichten, das die Wiener Bevölkerung lange Zeit begeisterte. Ende des 19. Jahrhunderts suchte Gabor jedoch eine neue Attraktion – und entdeckte die Riesenräder. Und mit den Feierlichkeiten für den Kaiser war auch bald ein Anlass zur Errichtung eines solchen gefunden.

Nachdem die zuständigen Beamten des Bauamts zuerst an einen Aprilscherz geglaubt hatten, wurde der Bau durch viel Antechambrierereien und Bittgänge schließlich genehmigt. Errichtet wurde das Rad übrigens wieder von Engländern, das heißt mithilfe englischer Technik und englischem Kapital. Aus diesem Grund wurde auch der Frau des englischen Botschafters die Ehre zuteil, die letzte Schraube des Baus anzuziehen. Die Eröffnung wurde zunächst für den 19. Juni 1897 angesetzt, wurde wegen heftigen Regens aber schließlich auf den 21. Juni verlegt. Mit seinen 64 Metern war es zu der Zeit das höchste Rad seiner Art.

Obwohl die Attraktion – wie erwähnt – sehr schnell zu einem veritablen Wiener Wahrzeichen heranwuchs, schien nur zwei Jahrzehnte später das Ende nahe. Im Ersten Weltkrieg wurden die englischen Besitzer enteignet und ein Abbruchbescheid erlassen. Denn Metall war im Krieg Mangelware, und da standen ja gut 430 Tonnen davon einfach so in Wien herum. Ironischerweise kam es aus Geldmangel jedoch nie tatsächlich zum Abriss des Rades. Nach dem Krieg wurde es an den tschechischen Eisenhändler Eduard Steiner verkauft. Dieser ließ es (offensichtlich) auch nicht abreißen und betrieb es stattdessen weiterhin. Bis es 1938 zusammen mit dem Rest von Steiners Besitz »arisiert«, also zu einem – dann meist nicht einmal ausgezahlten – Spottpreis zwangsverkauft wurde. Womit auch eine der führenden Sehenswürdigkeiten Wiens, wie so viele andere, weniger spektakuläre »arisierte« Bauten, zu einem Wahrzeichen einer sinnlos grausamen Zeit wurde.

Im Zweiten Weltkrieg brannte das Riesenrad ab und war wie viele Teile der Stadt kein sehr schöner Anblick, eher ein Mahnmal der Niederlage. Aber gerade deswegen wurde seine Wiederinbetriebnahme 1947 auch zu einem Symbol des Wiederaufbaus. Obwohl das Rad sozusagen Federn gelassen hatte: statt der früher gewohnten 30 Gondeln wurden nach dem Krieg aus Sicherheitsgründen nur mehr 15 Gondeln aufgehängt, was trotz zahlreicher Renovierungen bis heute so geblieben ist. Weshalb das Riesenrad für ältere Wienerinnen und Wiener noch immer etwas »zahnluckert« aussieht.

Man kann übrigens auch eigene Gondeln für Partys und Abendessen mieten – der nächste Gang wird dann jeweils am Ende einer Drehung serviert. Dafür stehen spezielle Cocktail- bzw. Luxuswaggons zur Verfügung. Erstere ausgestattet mit Barhockern und Stehtischen, zweitere wahlweise mit Kaffeehaustischchen oder einer langen Tafel.

Bekannt wurde das Riesenrad auch als Filmschauplatz. Angefangen von dem Stunt einer Zirkusdirektorin, Madame Solange d'Atalide – die sich 1914 auf einem Pferd sitzend, das auf dem Dach einer Gondel stand, gen Himmel drehen ließ –, über die bekannte Szene aus dem »Dritten Mann« mit Orson Welles, bis hin zu einer Szene im James-Bond-Film »Der Hauch des Todes«. Und hier verlassen wir auch wieder den Boden bekannter Fakten und kommen zum Filmklassiker »Life imitates Art«. James Bond trifft sich nämlich mit jemandem in einem offenen Garten-Café, das genau unter dem Riesenrad eingerichtet wurde, – das es zu diesem Zeitpunkt in Wirklichkeit gar nicht gab! Unter dem Riesenrad bzw. um seinen Sockel herum war nämlich bis dahin (1987) – rein gar nichts. Man konnte es ungehindert unter- bzw. umwandern. Nach Drehschluss kam aber jemand auf die naheliegende Idee, dort wirklich ein Café zu errichten, das dem aus dem Film durchaus ähnelte. Bald kam ein reichhaltiger Kitsch-Souvenir-Shop dazu, bis sich das Ganze 2002 zu einem veritablen Riesenrad-Museum mit Fun- und Gastrobereich auswuchs, den man nun nolens volens durchschreiten muss, wenn man heute eine Runde mit dem Rad drehen möchte.

Apropos Runde: Das Rad ist so trickreich konstruiert und ausbalanciert, dass es beim Ausfall seiner Motoren bzw. Hilfsmotoren auch von zwei, drei kräftigen Männern per Hand gedreht werden kann.

Das Rad wurde, auch das ist wenig bekannt, bei seinem Bau übrigens exakt nach dem Kompass ausgerichtet. Es dreht sich genau in Nord-Süd-Richtung! Blickt man durch die Eingangstüren hinaus, kann man genau nach Osten bzw. Westen schauen. Was durchaus hilfreich bei der Orientierung sein kann, wenn man von ganz oben »am Juché« auf die Wienerstadt herabblickt.

Wiener Typen

MANUEL GIRISCH & RENATE WOLTRON

BIZARRE TYPEN (2006)

(Die Szene spielt um 1900 im Prater.)

Köchin: Die Arbeit nimmt halt nie ein End'.

Mädchen: Nein, aber heute am Sonntag beim Fünfkreuzertanz kann man so richtig die Seele baumeln lassen und den Alltag und die Schinderei vergessen.

Köchin: Ja, am Sonntag, aber morgen ist wieder Montag.

Mädchen: Was haben Sie denn heute Mittag für Ihre Herrschaft gekocht?

Köchin: Blunzen mit Sauerkraut und Knödel.

Mädchen: Pfui, das mag ich ja gar nicht.

Köchin: Also, denen hat's geschmeckt.

Mädchen: Ich wollte ja nicht an Ihrer Kochkunst zweifeln!

Köchin: Na gut ... Kennst du übrigens die Geschichte von der Blunzen und der Leberwurst?

Mädchen: Nein.

Köchin: Ist eine große Liebesgeschichte. Aber eine traurige.

Mädchen: Oje, gar keine schöne G'schicht'?

Köchin: Das Leben ist halt nicht immer lustig.

Mädchen: Gemma lieber zur Prater-Schaukel, dort ist es nämlich schon immer lustig.

Köchin: Das machen wir!

Strizzi (kommt): Dies sind eure Absinthräusche des Lebens, Mädchen aus dem Volke! Alles wird zuunterst zuoberst gekehrt, gestürzt! Und bei der Hochschaubahn kreischt ihr vor Angst und Erregung! Hier vergesst ihr, dass der Zins vor der Türe ist und dass man in jedem Augenblicke schwanger werden und verlassen werden könnte! Hier erlebt ihr eure Meerfahrt-Emotionen, Seekrankheit für 10 Kreuzer!

Köchin: Wie bitte?

Strizzi: Ihr habt's doch gerade von der großen Schaukel geredet. Deswegen!

Köchin: Also wirklich!

Mädchen: Was erlauben Sie sich eigentlich!

Soldat (kommt): Gibt's hier einen Unfrieden?

Strizzi: Hat einer Null gewählt, weil du dich meldest?

Soldat: Schon einmal ein Bier von Weitem getrunken?

Mädchen: Bitte, die Herren, Frieden, wir plauschen nur ein bisserl. *(Zum Soldaten)* Willst uns nicht zum Fünfkreuzertanz begleiten?

Soldat: Aber gerne. Lustig geht's dort zu. Das gute, schöne, leichte Leben und lauter schöne, frische Mädln und Bier und Zigarren und Musik … und das schöne, gute, leichte Leben.

Strizzi: Ja, ja … das schöne, gute, leichte Leben.

Soldat: Kommt's, gemma auf ein Glaserl Wein!

DER DRITTE MANN (2009)

(Ein Orson-Welles-Typ und ein Tourist treffen im Prater aufeinander.)

Orson-Welles-Typ: He, hallo Sie! – Sie da! Unter dem Riesenrad! Hören Sie?

Tourist: Wer? Ich?

Orson-Welles-Typ: Psst! Wer sonst?

Tourist: Was wollen Sie von mir?

Orson-Welles-Typ: Sie sind pünktlich.

Tourist: Ach ja? *(Schaut auf die Uhr.)*

Orson-Welles-Typ: Ja. Das gefällt mir.

Tourist: Danke.

Orson-Welles-Typ: Ich muss Sie um einen Gefallen bitten.

Tourist: Müssen Sie das?

Orson-Welles-Typ: Ja.

Tourist: Ich habe kein Geld. Und auskennen tu' ich mich hier auch nicht. Ich bin Tourist. Aus Prag.

Orson-Welles-Typ: Sehe ich aus wie ein Sandler, der um Geld bettelt?

Tourist: Ja!

Orson-Welles-Typ: Verdammt.

(Der Tourist will weitergehen.)

Orson-Welles-Typ: Hören Sie! Ich brauche Ihre Hilfe. Sie sind aus Prag?

Tourist: Jaa?

Orson-Welles-Typ: Das ist ja wunderbar!

Tourist: Ich weiß nicht, ist es das?

Orson-Welles-Typ: Sie müssen etwas für mich tun. Es ist von größter Wichtigkeit.

Tourist: Jaaa?

Orson-Welles-Typ: Sehen Sie diesen Umschlag? *(Er lüftet kurz den Mantel und zeigt die Innentasche.)*

Tourist: Nein.

Orson-Welles-Typ: Na, diesen hier! *(Er holt den Brief hervor.)* Sehen Sie ihn jetzt?

Tourist: Ja.

Orson-Welles-Typ: Gut. Sie müssen ihn zu dieser Adresse nach Prag bringen. Fragen Sie nach einem Graham Greene. Geben Sie ihm den Umschlag.

Tourist: Graham Greene? Der Autor vom »Dritten Mann«? Der ist doch tot!

Orson-Welles-Typ: Das wird behauptet. Sie kennen den »Dritten Mann«?

Tourist: Wir haben auch Fernsehen. Sogar in Farbe.

Orson-Welles-Typ: Das wäre für diesen Film allerdings irrelevant.

Tourist: Und selbst wenn Greene noch leben würde, er wäre über 100 Jahre alt. Was macht ein über 100-Jähriger in Prag?

Orson-Welles-Typ: Ähh ... Urlaub?

Tourist: Für wie blöd halten Sie mich?

Orson-Welles-Typ: Auf einer Skala von 1 bis 10?

Tourist: Wer sind Sie überhaupt? Und was ist in dem Umschlag?

Orson-Welles-Typ: Nennen Sie mich Orson. Da sind Fotos drinnen. Wichtige Fotos!

Tourist: Was für Fotos?

Orson-Welles-Typ: Fotos von einem großartigen Schauspieler. Für ein großes Casting. Es geht um eine Neuverfilmung von »Der dritte Mann«. Damals ist so viel schiefgegangen. Die Kameraeinstellungen waren viel zu schräg und der Farbfilm war aus.

Tourist: Von welchem großartigen Schauspieler? Kenne ich ihn?

Orson-Welles-Typ: Aber ja!

Tourist (interessiert): Wer ist es? Wer ist es?

Orson-Welles-Typ: ICH!

Tourist: Ach so.

Orson-Welles-Typ (empört): Ich bin ein großartiger Schauspieler!

Tourist: Ja, ja. Schon gut. – Schicken Sie ihn doch per Post.

Orson-Welles-Typ: Wen?

Tourist: Na, den Brief!

Orson-Welles-Typ: Geht nicht. Alle Briefkästen wurden ge-
kündigt. Der Stellenabbau.

Tourist: Dann bringen Sie ihn selbst hin.

Orson-Welles-Typ: Seh' ich aus, als könnte ich mir eine
Reise nach Prag leisten?

Tourist: Nein.

Orson-Welles-Typ: Eben.

Tourist: Also, hören Sie, da stimmt doch etwas nicht. Ihre
Geschichte wirkt unglaubwürdig und fadenscheinig.
Wenn ich Ihren Umschlag nach Prag bringen soll, dann
müssen Sie mir die Wahrheit sagen.

Orson-Welles-Typ: Kann ich Ihnen trauen?

Tourist: Wollen Sie Geld wechseln oder brauchen Sie einen
Briefträger?

Orson-Welles-Typ: Also gut. Der Umschlag enthält wichtige
Informationen über unsere Jungs in Übersee.

Tourist: Über welcher See?

Orson-Welles-Typ: Der kubanische Geheimdienst darf nie
erfahren, dass die Isländer eine Invasion in Afghanistan
planen. Die Bulgaren unterstützen aufständische Unter-
grundgruppen auf Palau, die für eine Unabhängigkeit der
Inuit-Minderheit im Sudan eintreten sowie ein Verbot des
japanischen Walfangs erreichen wollen. Die Beweise für
eine Verschwörung des KGB mit dem ÖGB befinden sich
in diesem Umschlag!

Tourist: Na bitte. Warum nicht gleich? Sie sehen, mit Ehr-
lichkeit kommt man weiter. Also gut, ich spiele den Post-
boten für Sie.

Orson-Welles-Typ: Gut. Danke. Sagen Sie denen, ich warte
auf Antwort. Im Hotel Orient.

Tourist: Ich schau' dir in die Augen, Kleiner.

Orson-Welles-Typ: Falscher Film.

Tourist: Kennen Sie ein Zitat aus dem »Dritten Mann«?

Orson-Welles-Typ: Aber ja *(zitiert):* »In den dreißig Jahren
unter den Borgias hat es nur Krieg gegeben, Terror, Mord

und Blut, aber dafür gab es Michelangelo, Leonardo da Vinci und die Renaissance. In der Schweiz herrschten brüderliche Liebe, fünfhundert Jahre Demokratie und Frieden. Und was haben wir davon? Die Kuckucksuhr!«
Tourist: Na schön. Aber das ist ziemlich lange und passt auch nicht recht zur Situation.
Orson-Welles-Typ: Auch wahr.
Tourist: Eben. Ich geh'! *(Ab.)*
Orson-Welles-Typ: Was man sich als Schauspieler heutzutage einfallen lassen muss, um seine Fotos bei einer Agentur unterzubringen … *(Ab.)*

BÖHMISCHE KÖCHIN (2009)

(Die Szene spielt um 1900.)
Böhmische Köchin: Ich sag's Ihnen: Mehlspeis' ist für mich kein Essen, ich bin leider nur auf Fleisch versessen. Diese ganzen Mehlspeis'-Sorten – Gugelhupf, Palatschinken, Torten – ess' ich nicht, weil ich davon zu dick werd'. Aber eine Mehlspeis' nur, die mag ich, die könnt' essen jeden Tag ich. Da vergess' ich ganz auf mein Gewicht. Wenn ich so a Mehlspeis kriegen kann, lass' ich alles steh'n und liegen, weil auf die bin ich schlankweg erpicht. Der Müllirahmstrudel ist meine Leibspeis', und ganz besonders gut ist er in einem kleinen Wirtshaus in Ottakring.
Soldat (tritt auf): Habe die Ehre!
Böhmische Köchin: Guten Tag.
Soldat: Sind Sie Köchin?
Böhmische Köchin: Ja. Sieht man das nicht?
Soldat: Ich kenne mich da nicht so aus.
Böhmische Köchin: Aha.
Soldat: Könnten Sie mir vielleicht helfen?
Böhmische Köchin: Ja, vielleicht. Was wollen S' denn?

Soldat: Ich würde gern eine Köchin mieten. Ich nehme da beim »Perfekten Mehlspeis'backen« in der Café-Konditorei Ottakring teil.

Böhmische Köchin: Und wo liegt Ihr Problem?

Soldat: Ich kann gar nicht backen.

Böhmische Köchin: Das ist blöd.

Soldat: Sie sagen es.

Böhmische Köchin: Was brauchen Sie denn?

Soldat: Eine typische Wiener Mehlspeis'.

Böhmische Köchin: Das wird schwierig, weil ja so viel aus der Tschechei kommt.

Soldat: Haben Sie denn keine Idee?

Böhmische Köchin: Wie wäre es mit einem Kaiserschmarr'n?

Soldat: Gute Idee. Ich müsste aber auch etwas über die Hintergründe wissen. Haben Sie da eine Ahnung?

Böhmische Köchin: Es gibt da eine Legende, dass der Kaiser Franz Joseph bei einem seiner Jagdausflüge im Salzkammergut einen Holzfällerschmarr'n vorgesetzt gekriegt hat. Dieser ist ihm zu Ehren mit guten Zutaten wie Milch, Rosinen und Eiern verfeinert worden. Und so ist ein vornehmer Kaiserschmarr'n daraus geworden.

Soldat: Klingt nicht sehr spektakulär.

Böhmische Köchin: Geht ja noch weiter! Eine andere Legende besagt, dass Kaiser Franz Joseph zum Nachtisch gerne Mehlspeisen gegessen hat, vor allem Palatschinken. Wenn die dem Koch aber nicht gelungen sind, waren sie z.B. zu dick oder zerrissen, so sind sie dem Personal als »Kaiserschmarr'n« serviert worden, weil sie für den Kaiser nicht geeignet waren.

Soldat: Das klingt schon besser!

Böhmische Köchin: Und was zahlen Sie?

Soldat: Ich hätte da eher an ein Tauschgeschäft gedacht.

Böhmische Köchin: Na ja, weiß ich nicht, nur Bares ist Wahres.

Soldat: Sie machen einen Schmarr'n, und wenn alles funktioniert, tausche ich Sie gegen meine Frau ein, die kann nämlich nicht kochen.

Böhmische Köchin: Gutes Geschäft! Mache ich.

Soldat: Abgemacht. Kommen S', mein Pferd steht direkt vor der Tür. *(Beide ab.)*

AUF DEM MARKT (2007)

(Eine feurige Spanierin und eine Türkin mit Kopftuch treffen sich auf einem Markt.)

Türkin: Also, was die 13-Jährigen heutzutage für eine Musik hören!

Spanierin: Die hören keine Musik ... die hören Klingeltöne. Und das schon in jeder Straßenbahn.

Türkin: Da sollte einmal jemand etwas dagegen verbieten.

Spanierin: Lebensqualität hat halt etwas mit Qual zu tun.

Türkin: Ich kann heute leider nicht so lange tratschen, weil ich für morgen vorkochen muss, weil ich ja den ganzen Tag putzen gehe.

Spanierin: Seit's die Tupperware gibt, ist das mit dem Vorkochen, Gott sei Dank, kein Problem mehr. Der Erfinder der Tupperware, der amerikanische Chemiker Earl Silas Tupper, wäre übrigens heuer 100 Jahre alt geworden.

Türkin: Wirklich? Wie der Erfinder des Klettverschlusses: Georges de Mestral, ein Schweizer Ingenieur.

Spanierin: Ja, was wäre die Welt wohl ohne Klettverschluss und Tupperware.

Türkin: Das haben sich sicher schon viele gefragt. – Hier am Brunnenmarkt findet man wirklich alles.

Spanierin: Vor allem viele verschiedene Kulturen.

Türkin: So, wie es früher auch immer war.

Spanierin: Österreich hat ja früher aus dem Herzogtum Österreich, dem Herzogtum Steyermark und der gefürchteten Grafschaft Tyrol nebst Vorarlberg bestanden.

Türkin: Ja, und dem Königreich Böhmen, der Markgrafschaft Mähren, dem österreichischen Anteil an Schlesien, dem Königreich Illyrien, dem Königreich Galizien und Lodomerien, dem Lombardisch-venezianischen Königreich, dem Königreich Ungarn mit seinen Nebenländern Slawonien, Kroatien und Dalmatien und dem Großfürstentum Siebenbürgen.

Spanierin: Und heute besteht Österreich aus Dönerland, den Sushi-Inseln, Pastaburg, Tacco-tokien und Germanien.

Türkin: Und das alles wird unter EU-ien zusammengefasst.

Spanierin: Und was bedeutet das?

Türkin: Nichts.

Spanierin: Stimmt, es wird nur komplizierter und kostet mehr Geld.

Türkin: Ja, tu felix Austria, juble und jodle!

Spanierin: Wie Namen und Zeiten sich wandeln!

Türkin: Der Wondraschek heißt jetzt Wagner, weil's besser zu Richard passt!

Spanierin: Ja, die Zeiten haben sich geändert.

Türkin: Überhaupt seit der Jahrtausendwende.

Spanierin: Das waren seither wirklich sieben fette Jahre.

Türkin: Aber auch nur für die Wirtschaft.

Spanierin: Na ja, ich hab sicher einige Kilos zugenommen, haha.

Türkin: Haha, ja, wem sagst du das. Durch die Geburt meiner sieben Kinder, jedes Jahr eines, wie bestellt, sag' ich dir, ist mein Umfang auch etwas gewachsen.

Spanierin: Das sieht man dir gar nicht an.

Türkin: In der Bibel heißt's ja: Auf sieben fette Jahre folgen sieben magere Jahre. Und wir werden ja seit sieben Jahren nicht g'scheit gefördert. Vielleicht klappt's beim siebenten Mal.

Spanierin: Na ja, du weißt ja: Über sieben Krücken musst du gehen …

Türkin: Schauen wir, dass wir weiterkommen. Vielleicht können wir die sieben mageren Jahre noch etwas hinauszögern. *(Beide ab.)*

MARKTSCHREIER (2009)

Blumenverkäuferin (tritt mit Blumenkorb auf, spricht zum Publikum): Billiger, billiger! Meine Herrschaften, ein Strauß Veilchen vielleicht? Nein? Eine Rose für die Dame? Auch nicht?

Verkäufer (tritt mit Bauchladen auf): Hallo!

Blumenverkäuferin: Ah, da bist du ja endlich!

Verkäufer: Entschuldige, ich bin aufgehalten worden.

Blumenverkäuferin: Ist schon gut, aber leider wird's jetzt bald finster.

Verkäufer: Hauptsache, es regnet nicht.

Blumenverkäuferin: Das stimmt. Und Wi(e)nd geht zum Glück auch keiner. Wie im Paradies, ein herrlicher Sommer! Wo ist denn dein Herzblatt?

Verkäufer: Das müsste gleich kommen. Aber bei Jubel, Trubel, Heiterkeit bleibt zum Küssen leider wenig Zeit.

Blumenverkäuferin: Doch schießt ein Kerl dir rote Rosen, da darfst du schon ein wenig kosen!

Verkäufer: Und ohrfeigt er den Watschenmann, zeigt dir auch sonst noch, was er kann, wird dir und ihm ein wenig schwach.

Blumenverkäuferin: Wo zwei sich lieben, findet sich immer ein Weg! Zu zweit entgeht man Tod und Graus …

Verkäufer: … und abends geht auch der Tod nach Haus! Ich hol' uns etwas zu trinken.

Blumenverkäuferin: Nur ein leeres Glas ist ein gutes Glas!

Verkäufer: Genau! Und volle Gläser sind böse und müssen vernichtet werden! *(Ab.)*

Betrunkener (tritt auf und wankt auf ein Mädchen zu): Oh, là là, die Damen. Na, was tut sich so? Wie rennt des G'schäft?

Blumenverkäuferin: Es rennt net, es geht.

Betrunkener: Ja, mühsam ernährt sich das Eichhörnchen. *(Zum Mädchen)* Na, du?

Mädchen (lacht verlegen und etwas ängstlich): Ja, ich.

Betrunkener (steigt Mädchen unangenehm an): Willst du nicht mit zu mir kommen? Ich wohn' gleich in der Nähe.

Blumenverkäuferin (scharf): Jetzt lass das arme Mädel in Ruh'!

Betrunkener: Ich tue ihr doch nichts. Ich wollt' ihr nur mein Gewehr zeigen. *(Lacht hämisch.)*

Blumenverkäuferin: Schau, dass d' weiterkommst. So ein G'sindel brauchen wir hier nicht.

Betrunkener: Schon gut.

Blumenverkäuferin: Was gehst denn net heim zu deiner Frau?

Betrunkener: Mei Oide is' sauer.

Mädchen: Wieso?

Betrunkener: Weil i net hamkumm. Sie trinkt nämlich nicht gerne allein. *(Lacht.)* Aber, ich bin ja kein Drahrer, sondern ich kehr' halt hin und wieder auf ein Achterl ein ... na ja, ein Vierterl.

Blumenverkäuferin (abweisend): Wir haben hier aber weder ein Achterl noch ein Vierterl.

Betrunkener (friedlich): Habe verstanden, dass ich hier nicht erwünscht bin. Dere, die Damen! *(Ab.)*

Mädchen (bestürzt): Dass die Leut' immer so viel trinken müssen!

Blumenverkäuferin: Der is' a nur eine arme Seele. Aber man fragt sich halt: Kommt die Melancholie vom Saufen oder das Saufen von der Melancholie?!

Mädchen: Ja, schon schlimm, wie's zugeht auf der Welt.
Blumenverkäuferin: Ja, aber davon sollten wir uns nicht deprimieren lassen.
Mädchen: Stimmt eh. Aber es geht halt immer nur ums Geld.
Blumenverkäuferin: Zur Zeit wohl eher um das nicht vorhandene Geld.
Mädchen: Alles steckt in der Krise! Heute wollte ich 50 Euro am Bankomaten abheben. Zeigt der die Meldung »Konto nicht gedeckt«. Da frag' ich mich: meins oder das der Bank?!
Blumenverkäuferin: Ich sag' dir, mir graust ja direkt vorm Geld.
Mädchen: Na geh, wirklich? Wie gibt's denn so was?! – Aber ich muss jetzt weiter. Wiederschauen! *(Ab.)*
Blumenverkäuferin: Wiederschauen! *(Zum Publikum)* Kommen Sie näher! Die schönsten Blumen auf dem ganzen Markt bekommen Sie nur hier bei mir.
Verkäufer: Schön? Ich weiß nicht, schauen ein bisschen vertrocknet aus.
Blumenverkäuferin: Können nicht vertrocknet sein. Sind aus Plastik. Halten ewig!
Verkäufer: Auch noch nie etwas von Umweltschutz gehört?!
Blumenverkäuferin: Da redet der Richtige! Du mit deinen Dosen. Glaubst du vielleicht, die verrotten so leicht?
Verkäufer: Nein, aber die Glasflaschen sind mir einfach zu schwer. Und wenn die Umwelt hin ist, wird's schon irgendwo ein Raumschiff oder ein Sternentor geben, das uns auf einen anderen, sauberen Planeten bringt.
Blumenverkäuferin: Träum weiter!
Verkäufer: Ich bin Realist.
Blumenverkäuferin: Jetzt realisiere ich erst, wie spät's wirklich ist. Ich muss ja noch mit dem Lumpi Gassi gehen.
Verkäufer: Lumpi – beißt der?
Blumenverkäuferin: Nein!
Verkäufer: Und wie frisst er dann? Hahahaha!

Blumenverkäuferin: Bis morgen! *(Ab.)*
Verkäufer: Bis morgen! Und pass auf, dass du dich net wieder von irgendwem anquatschen lässt. Immer schön vorsichtig sein! Es rennen viel zu viele Irre herum.

DIE GRAFEN (2007)

(Zwei Grafen begegnen einander zufällig in der Prater Hauptallee.)
Erster Graf: Wer bist du?
Zweiter Graf: Ich bin der, mit dem du als Kind nicht spielen durftest! – Scherz beiseite ... Mein Lieber, ich muss dir doch danken für deine Auffassung und Übung von Freundschaft.
Erster Graf: Lieber eine Blutsbrüderschaft als eine Vaterschaftsklage.
Zweiter Graf: Du weißt, dass Freundschaft keine Nutz-, sondern eine Zierpflanze ist.
Erster Graf: Ja, Freundschaft ist ein schöner Pakt, der hält, wo er nicht bindet, und leicht ungültig wird, sowie sich einer der Partner auf ihn beruft.
Zweiter Graf: Also, mein Lieber, ähh ...
Erster Graf: Rudi.
Zweiter Graf: Ah, ja. Weißt du, drei Dinge kann ich mir nicht merken: Namen, Gesichter und ... das dritte hab' ich vergessen. Ich verdanke dir jedenfalls eine reizende friedvolle »Drahnacht« mit zwei ausgezeichneten, vornehmen, überaus menschlich feinen Amerikanerinnen, Tänzerinnen. Du hast mir in selbstlosester Art die ganze Regie des Abends überlassen, und ich hoffe, dass es dich nicht mehr gekostet hat, als das Vergnügen dir wert war.
Erster Graf: Besonders die Fahrt des Morgens in den Donauauen war märchenhaft! Die Damen waren unbedingt

zufrieden in unserer Gesellschaft, und nirgends befand sich ein trüber Beigeschmack, der doch überall leicht durch ein Nichts von einem Nichts sonst entstehen könnte!?

Zweiter Graf: Ich habe in dieser schönen Nacht das Wort geprägt: Die »Regie der Liebe« ist wichtiger als die Liebe selbst! Freilich kostete es dein Geld und nicht das meine!

Erster Graf: Dieser Abend, diese Nacht also, dieser Morgen in den Donauauen, mit der blutroten Sonne, der breiten stillen Donau, dem Morgendunst über den gelben Grasbüscheln, den rosenroten Gesträuchen, den grauen, gelben, roten, braunen Kieselfeldern von abgerundeten, gleichsam von ewigem Wasser abgeschliffenen Kieseln – alles das war wundervoll!

Zweiter Graf: Nur das eine störte, dass im Laufe der so schönen friedvollen Stunden ich mich immer intensiver für deine Dame, und du dich immer intensiver für meine Dame zu interessieren begannst.

Erster Graf: Wäre deine Dame meine Dame und meine Dame deine Dame gewesen, so würden dieselben Empfindungen sich entwickelt haben! Also war die Regie ja doch vorzüglich, denn immer fliegt einer auf die Dame des anderen!

Zweiter Graf: Sonst wär's ja gar zu fad!

Erster Graf: Woher kommt es, dass ich für jeden Sommeraufenthalt Heimatsgefühle nachträglich habe, wenn ich ihn verlasse, während mir die Stadt stets wie ein Meer von Lügen erscheint?!

Zweiter Graf: Alles ist Schwindel, nur die Landluft nicht!

Erster Graf: Protektion nennt man jene Karriere, bei der selbst Intelligenz kein Hindernis ist.

Zweiter Graf: An meiner Wiege lächelte Apoll, die Musen säugten mich an ihren Brüsten.

Erster Graf: Tja, Milch ist nicht ganz das Meine. Da hab' ich schon lieber etwas Hochprozentiges.

Zweiter Graf: Ich versteh' dich. Der Wodka und ich.

Erster Graf: Never change a winning team.

Zweiter Graf: Gib mir sieben! *(Händeklatschen)*

Erster Graf: Deine Freundschaft hat keine Räusche, in denen sie verspricht, was sie nüchtern nicht hält.

Zweiter Graf: Unsere Freundschaft in allen Ehren. Aber lieber hätte ich jetzt einen Dom Pérignon – geschüttelt, nicht gerührt.

Erster Graf: Du Schaumschläger!

Zweiter Graf: Na ja, du weißt ja, eine Frau wird mit jedem Bier schöner!

Erster Graf: Und je mehr ich trinke, umso mehr schäumt meine Frau.

Zweiter Graf (im Abgehen): Übrigens spielt heute Österreich–Ungarn.

Erster Graf: Gegen wen?

(Beide ab.)

HAUSBESORGERIN (2012)

Hausbesorgerin (nörgelnd, mit Besen): Immer dieser Dreck ... jeden Tag ... es nimmt kein Ende. Der Dreck wird immer mehr. Es ist zum Verrücktwerden. Alle schmeißen s' den Dreck einfach auf den Boden. Da – Zigarettenstummel ... Taschentücher ... – sogar Hundedreck hab' ich im Stiegenhaus schon wegputzen müssen. Die Leute heutzutag' haben einfach kein Benehmen mehr ... keine Disziplin! Ich steh' jeden Tag um sechs auf und sorg' dafür, dass das Haus in einem ordentlichen, sauberen Zustand ist. Bis spät bin ich für die Anliegen der Hausbewohner da.

(Ein Hausbewohner ist inzwischen in leicht angeheitertem Zustand aufgetreten.)

Hausbewohner: Aber, Frau Navratil! Was schimpfen S' denn wieder herum? Was für eine Laus ist Ihnen denn heute über die Leber gelaufen?

Hausbesorgerin: Die Dreckslaus, Herr Schubert.

Hausbewohner: Ja, ohne Dreck geht nichts auf der Welt. Aber als Hausbesorgerin dürften Sie sich da nicht beklagen. Stellen Sie sich vor, es gäbe keinen Dreck mehr. Dann täten S' ja arbeitslos werden. *(Lacht blöd.)*

Hausbesorgerin: Da haben S' natürlich schon recht, aber ein bisserl ordentlicher könnten die Leut' schon sein. Die lassen ja heutzutag' einfach alles auf die Erde fallen.

Hausbewohner: Sie sind eben die gute Seele des Hauses.

Hausbesorgerin: Und Sie kommen wieder einmal angeschwipst heim, da wird Ihre Frau aber keine Freude haben.

Hausbewohner: Ach, meine Frau ist das doch schon gewohnt, dass ich jeden Tag trink, um den Rausch vom Vortag zu vergessen. Sie weiß, das Einzige, was ich im Griff habe, ist der Alkohol. Sie soll froh sein, dass ich überhaupt heimkomm', meine liebe Anni. Ich kenn' Männer, die treiben sich die ganze Nacht herum, ziehen von Beisel zu Beisel und verprassen alles. Ich hol' mir nur hin und wieder einen kleinen »Damenspitz« – wie man so schön sagt. Ich kümmere mich sozusagen um meinen Familienbetrieb – die Sodbrennerei. – Man braucht halt manchmal eine Männerrunde, um die kleinen Sorgen des Alltags zu diskutieren.

Hausbesorgerin: Sie sind eh ein Guter. Richten S' der Anni einen schönen Gruß aus. Und sie soll wieder einmal zum Kaffee bei mir vorbeischauen.

Hausbewohner: Mach' ich.

Hausbesorgerin: Wiederschauen. *(Ab.)*

Hausbewohner: Wiederschauen. – Hicks! – Ist heute vielleicht a bisserl mehr als nur ein kleiner Damenspitz. *(Lacht blöd.)*

NEUGIERIGE HAUSFRAUEN (2010)

(Zwei Hausfrauen treffen sich auf der Straße.)
Erste Hausfrau (liest in einer Boulevardzeitschrift): Nein, das gibt's doch nicht! Jetzt lassen sich die wirklich scheiden. Und ... nein ... die ist jetzt mit dem zusammen. Der ist doch sexsüchtig! Und die Naomi ist schon wieder aus'zuckt und hat einen Paparazzo niedergeprügelt.
Zweite Hausfrau (tritt auf): Servus, servus ... hast du schon gehört?
Erste Hausfrau: Hallo, nein, was?
Zweite Hausfrau: Die Maier von der 2-er Stiegen lässt sich scheiden.
Erste Hausfrau: Na geh, wirklich?!
Zweite Hausfrau: Na ja, ich hab' mir schon immer gedacht, dass er ein Windhund ist.
Erste Hausfrau: Ja, angeblich soll der ja immer schon fremdgegangen sein.
Zweite Hausfrau: Aber jetzt ist er angeblich zu einem anderen Mann gezogen. Stell dir das vor. Und er hat behauptet, er geht nicht fremd, weil er ihn ja kennt.
Erste Hausfrau: Na geh, das gibt's doch nicht!
Zweite Hausfrau: Na ja, wo doch heutzutage sogar die Schwulen schon heiraten können!
Erste Hausfrau: Ja, da fragt man sich wirklich, wo das alles noch hinführt.
Zweite Hausfrau: In die andere Richtung. – Aber andererseits ist es ja auch gut, dass nicht alle gleich sind.

Erste Hausfrau: Weißt was, jetzt machen wir etwas ganz Verrücktes!

Zweite Hausfrau: Aha. Und was?

Erste Hausfrau: Wir gehen in den Swingerklub am Karlsplatz.

Zweite Hausfrau: Aber das ist doch nichts Verrücktes. Das ist doch ein hoch gefördertes Kunstprojekt.

Erste Hausfrau: Jetzt versteh' ich gar nichts mehr.

Zweite Hausfrau: Macht nix, du wirst es schon noch lernen.

Erste Hausfrau: Die Welt steht Kopf.

Zweite Hausfrau: Andersrum! – Komm!

(Beide ab.)

KÜNSTLER (2010)

(Eine Schauspielerin, ein Maler und ein Schriftsteller treten auf.)

Maler: Wo ist denn der Wirt schon wieder?

Schriftsteller: Er liegt besoffen hinterm Tresen und riecht, als würde er verwesen.

Schauspielerin: Na, dann wundert's mich auch nicht, dass er nicht kommt.

Schriftsteller: Wer ist denn dieser dünne Besen?

Schauspielerin: So eine Frechheit!

Schriftsteller: Verzeiht mir bitte, holde Maid, wenn ich euch kränkte, tut's mir leid. Worte, die meinem Mund entquillen, tun es um des Reimes willen.

Schauspielerin: Hat der auch einen in der Krone?

Maler: Nein, an der Krone. Das ist unser Dichterfürst. Er spricht meist nur in Reimen.

Schriftsteller: Darf ich bitte ausreden? Ich hab' Sie auch nicht unterbrochen.

Maler: Ich habe auch nichts gesagt!

Schauspielerin: Es ist unglaublich, was der Alkohol aus einem normalen Menschen – also ... äh ... ich meine, aus Ihnen machen kann.

Schriftsteller: Als Dichter werde ich morgen ein Gelächter für dieses Bonmot überlegen.

Schauspielerin: Sie brauchen sich gar nicht zu bemühen, sarkastisch zu werden. Ich habe immerhin heuer den Opernball eröffnet.

Maler: Ach, Sie hatten einen Schlüssel?!

Schauspielerin: Wenn Sie so groß wären wie dämlich, müsste man Ihnen Ihr Futter mit einer Kanone hinaufschießen.

Maler: Ist Ihnen schon aufgefallen, dass die Männer bei diesen Adjektiven im Vorteil sind?

Schauspielerin: Wieso?

Maler: Na, es ist doch entschieden besser, herrlich zu sein als dämlich.

Schriftsteller: Und selbst umgangssprachlich schlägt herrisch damisch um Längen.

Schauspielerin: Bevor ich jetzt geistreich werde: Den Kampf der Geschlechter hatten wir in Szene 1.

Schriftsteller: Gut, Themenwechsel. Wie fanden Sie mein neues Stück?

Schauspielerin: Ich sah es unter ungünstigen Umständen.

Schriftsteller: Unter welchen?

Schauspielerin: Der Vorhang war offen.

Maler: Ja, es ist nicht leicht, guten Kunstgenuss zu genießen. Ich bin letztens extra in die Steiermark nach Leoben zur Wikinger-Ausstellung gefahren und dann hatte ich plötzlich Darmgrippe.

Schauspielerin: Und was haben Sie gemacht?

Maler: Ich habe drauf geschissen.

Schriftsteller: Und sonst haben der Herr Kritiker keine Hobbys?

Maler: Ich verbinde Privates und Hobbys.

Schauspielerin: Als da wären?

Maler: Fußball.

Schriftsteller: Das ist kein Hobby, das ist ein Sport für Proleten.

Schauspielerin: Und was machen Sie so, wenn Sie nicht dicht sind ... äh ... dichten?

Schriftsteller: Bergsteigen. Aber ich sage Ihnen, über Berge zu lesen und sie zu besteigen, ist ein großer Unterschied.

Schauspielerin: Sie wollen mich besteigen?

Schriftsteller: Nein, ich ... äh ...

Maler: In dieser Situation sollten wir das tun, was jeder anständige Österreicher in dieser Situation tun würde.

Schriftsteller: Also, ich will mich jetzt wirklich nicht ansaufen.

Maler: Wissen Sie, was ich gerade denke?

Schauspielerin: Viel kann es nicht sein.

Maler: Ein Lotto-Vierer oder -Fünfer, das wär's.

Schriftsteller: Vierer oder Fünfer hatte ich immer – in Mathematik.

Schauspielerin: Sie reden einen ziemlichen Müll.

Maler: Apropos, was halten Sie von Mülltrennung?

Schriftsteller: Mach' ich! Ich trenne immer, was ich wegschmeiße und was nicht.

Schauspielerin: Also, mir reicht's jetzt. *(Ab.)*

Maler: Ein schwacher Abgang – ohne Gag und Pointe. – Aber Moment mal, ich komm' mit. *(Ab.)*

Schriftsteller: Gut! Na dann ist eh alles klar. Das schönste Hobby ist halt doch – blau sein oder machen.

BORDELL (2013)

(Eine Praterdirne sitzt auf einem Hocker und singt vor sich hin.)

Bordell-Chefin (kommt und unterbricht sie): Was fällt dir denn ein, so romantische Töne anzustimmen und die Zeit zu vertrödeln? Ab mit dir an die Arbeit!

Praterdirne: Aber es ist ja kein Herr da, alles leer!

Bordell-Chefin: Dann setz dich ins Schaufester und animier' einen!

Praterdirne: Da zieht's aber immer so rein, dann krieg' ich wieder ein steifes Gnack.

Bordell-Chefin: Is' wahr! Für ein STEIFES GNACK solltest du NICHT sorgen, sondern ...

Praterdirne: Auf meine Gesundheit muss ich schon achten, sonst kann ich meine Arbeit nicht mit 100% ausführen.

Bordell-Chefin: Hast du deine Übungen und dein Lauftraining heute schon absolviert?

Praterdirne: Na ja ... ja ... Also ...

Bordell-Chefin: Was also?

Praterdirne: Na ja, ich bin ziemlich motiviert losgelaufen und nach 50 Metern hab ich dann ... hab ich ... also ich hab den Josef getroffen ...

Bordell-Chefin: Und von dem hast du dir wieder schöne Augen machen und dich zuschwafeln lassen!

Praterdirne: Na ja ... die Liebe wartet oft hinter der nächsten Ecke.

Bordell-Chefin: Ja, in diesem Viertel gibt's einfach zu viele Unseresgleichen. – Also weißt, wenn du so weitermachst, gehen wir bald in Konkurs. Mich will keiner mehr, weil ich zu alt bin. Und du hast immer andere Flausen im Kopf und bist nicht bei der Sache.

Praterdirne: Wir könnten ja umstrukturieren.

Bordell-Chefin: Wie meinst das?

Praterdirne: Ich hätte da eine neue Geschäftsidee.

Bordell-Chefin: Oje, was das wohl für eine Idee ist?

Praterdirne: Wir sind doch zwei leidenschaftliche Frauen.

Bordell-Chefin: Ich auf jeden Fall, bei dir bin ich mir da nicht so sicher.

Praterdirne: Ich mein' ja leidenschaftlich im weiteren Sinn. Wenn mir etwas total taugt, brenne ich extrem dafür!

Bordell-Chefin: Und was ist das, wofür DU total taugst, dass du extrem brennst? – Da braucht man nämlich schon sehr viel Fantasie.

Praterdirne: Das ist aber jetzt gemein! Du unterschätzt mich.

Bordell-Chefin: Bis jetzt hab' ich mir immer gedacht, ich überschätze dich. – Aber egal, sag' schon, was durch deine Hirnwindungen schwimmt.

Praterdirne: Was?

Bordell-Chefin: Na, was du für eine Idee hast.

Praterdirne: Was hältst du davon, wenn wir die Räume hier in ein Lokal umwandeln und eine süße kleine Bar aufmachen, wo die Männer einfach reden können. Das ist nämlich das, was sie bis jetzt auch meistens von mir wollten, und du bist zum Reden auch perfekt einsetzbar.

Bordell-Chefin: Zum Zuhören meinst. Denn das brauchen die Menschen. Sie brauchen jemanden zum Zuhören.

Praterdirne: Auch wenn's das Gegenüber nicht wirklich interessiert.

Bordell-Chefin: Ja, so ist das. – Eine gute Idee. Du gehst zu deinen Verehrern und überredest sie, ein bisserl gratis bei unserem Umbau mitzuarbeiten.

Praterdirne: Und du kümmerst dich um das Geschäftliche – wie bisher.

Bordell-Chefin: Gut – Hand drauf.

Praterdirne: Hand drauf. – ABER – ich will gleichberechtigte Geschäftspartnerin sein und nicht Untergebene.

Bordell-Chefin: Darüber reden wir noch. – Ich muss jetzt zum Magistrat und die ersten Schritte einleiten.

Praterdirne: Und ich geh' da vor, auf den Platz, und hör' mir das Gequassel vom Bürgermeister an. Vielleicht find' ich dort ein paar Männer, die ich bezirzen kann.

ROTLICHTMILIEU (2007)

Ältere Dirne: Auweh, auweh! Ach, mein Kreuz! *(Stöhnt, fasst sich ans Kreuz.)*

Strizzi (zur Seite): Wenn ich die Frau erwürgt hätte, als ich das erste Mal Lust dazu hatte, dann wäre ich schon längst aus dem Häf'n wieder draußen. Dabei ist Sex eines der gesündesten, schönsten und natürlichsten Dinge, die man für Geld erwerben kann.

Ältere Dirne (zur Seite): Er arbeitet nach der Katzenmethode: Die Pfoten auf den Tisch und auf die Mäuse warten. *(Zu Strizzi)* Ach, es ist ein G'frett. Unter diesen Bedingungen kann ich einfach nicht weiterarbeiten. Ich such' um die Pension an.

Strizzi: Was willst du denn um die Pension ansuchen?! Unsere Politiker haben ja das Pensionsalter mittlerweile schon auf 100 Jahre hinaufgesetzt. Wenn das so weitergeht, müssen wir uns alle den Heesters zum Vorbild nehmen.

Ältere Dirne: Was das Brechen von Herzen angeht, stehe ich ihm jedenfalls in nichts nach.

Strizzi: Ja, ich hab' gestern auch von Herzen gebrochen. Puh, war ich vielleicht fett! Aber, dass ich nicht lache. Gebrochene Herzen haben doch keine Bedeutung. Du weißt doch, wie es heißt: Some broken hearts never mend.

(Junge Dirne tritt auf, spricht gebrochenes Deutsch, kommt aus dem Osten.)

Ältere Dirne: Jessas, wer ist denn die?

Junge Dirne: Guten Tag, ich jetzt auch hier arbeiten.

Strizzi: Was willst denn arbeiten?

Junge Dirne: Mache das beste Eiskaffee von hier bis nach Bahamas.

Strizzi: Das heißt »Von hier bis zu den Bahamas«.

Ältere Dirne: Wahrscheinlich meint sie Bahamasch, des liegt gleich hinter der Grenz', neben Sopron.

Strizzi: Mit Eiskaffee kummt die sicher net weit, aber wir brauchen doch jemanden, der dein Erbe antritt.

Ältere Dirne: Na ja, alles versoffen vor mein' End', nenn' ich ein gutes Testament.

Strizzi: Wie ich immer sag': Leg' dein Geld in Alkohol an, wo sonst bekommst du 40%.

Ältere Dirne (mustert die Junge Dirne): Die hat mir jedenfalls gerade noch gefehlt.

Strizzi: Geh, sei nicht so! Wir brauchen doch Nachwuchs. Schließlich bist du ja nicht mehr so leicht zu erklimmen.

Ältere Dirne: Heute sind wir aber wieder charmant! Und auch so weise.

Strizzi: Die Weisheit verfolgt mich, aber ich bin schneller. Na ja. – Gute Ansichten alleine sind wertlos. Es kommt nämlich darauf an, wer sie hat.

Ältere Dirne: Es gibt Fragen, über die wir nicht hinwegkommen könnten, wenn wir nicht von Natur aus von ihnen befreit wären.

Strizzi: Geh, red' nicht so g'scheit daher. Hilf lieber der Kleinen, sich hier in Wien ein bisserl zurechtzufinden.

Junge Dirne: Danke. So freundlich sie.

Ältere Dirne: Na guat. Zuerst brauchst du einmal eine ordentliche Arbeitskleidung. Geh' da rüber zur Schneiderin und sag', dass du von der Resi kommst. Alles Weitere macht sie dann schon.

Junge Dirne: Aha. Gut. Danke vielmals. *(Ab.)*

Strizzi: Ich glaub', die hat hier Zukunft. Is' ein sehr liebes Mädel. Und fesch.

Ältere Dirne: Drei Zehntel der Schönheit einer Frau sind angeboren, sieben Zehntel auf Putz zurückzuführen.

Strizzi: Du musst es ja wissen!

Ältere Dirne: Geh, sei doch nicht so aggressiv. Ich weiß, wir haben manchmal ein paar Probleme.

Strizzi: Mit dir will ich manchmal nicht einmal mehr ein Problem haben.

Ältere Dirne: Schau, wir sitzen doch beide im selben Boot. Also lass uns das Leben doch leicht machen.

Strizzi: Da müsste zuerst noch ein Wunder geschehen.

Ältere Dirne: Ich weiß, es wird einmal ein Wunder gescheh'n ...

Strizzi: Wunder hin oder her, die Realität schaut so aus, dass nix geht ohne Arbeit. Zumindest für die Grundsicherung muss man sorgen.

Ältere Dirne: Dafür sorgen doch jetzt die Politiker. 800 Euro. Für jeden. Einfach so! Ein schönes Land!

Strizzi: Ja, wir haben's schon gut. Wir sprechen Deutsch und sind keine Preußen, wir haben Hammer und Sichel im Wappen und sind keine Kommunisten und wir haben Öl und keine Wickel mit den Arabern.

Ältere Dirne: Nur wir Lebenskünstler haben's halt nicht leicht.

Strizzi: Nicht nur wir Lebenskünstler.

Ältere Dirne: Die ganze Gesellschaft ist am absteigenden Ast. Die Menschen werden immer kälter.

Strizzi: Nur das Klima wird von Jahr zu Jahr wärmer.

Ältere Dirne: Ja, der Putin will wegen der Erderwärmung jetzt den Kalten Krieg mit Amerika wieder aufnehmen.

Strizzi: Na ja, so schlimm ist der Klimawandel auch nicht. Immerhin sparen wir Heizkosten.

(Beide ab.)

WÜRSTELSTAND (2012)

Würstelstandlerin: Würstel – Würstel – knackig und würzig! Kaufen Sie bei mir! Knoblauch macht und erhält gesund! Bei mir kriegen Sie die knusprigsten Langos im Prater! Mit extra viel Knoblauch!

Würstelstandler: Laut EU-Gesetz darf der Knoblauch maximal 0,73% ausmachen. Bei dir ist das mindestens das Doppelte. Das ist illegal! Kommen Sie – hier – die besten, frischesten Maroni der Stadt!

Würstelstandlerin: Zeig mich halt an! Du Vernaderer!

Würstelstandler: Wenn du mir weiter meine Kunden abspenstig machst, werd' ich das auch tun.

Würstelstandlerin: Willst du mir drohen?

Würstelstandler: Sicher – schließlich ist sich jeder selbst am nächsten. Und die Zeiten werden immer schlechter.

Bettlerin: Sagen Sie, warum streiten Sie eigentlich?

Würstelstandlerin: Im Grunde wegen dieser neuen bescheuerten EU-Gesetze.

Bettlerin: Welche?

Würstelstandlerin: Es gibt diese neue Prozentregelung. Knoblauch darf nur so und so viel aufs Langos gegeben werden, seine Maroni müssen eine bestimmte gelbe Farbe haben, der Schnitt in der Schale muss zwischen 8 und 10 mm ausmachen.

Würstelstandler: Ich find' das gut. Ich hab' schon immer sehr exakt und gut gearbeitet. Mir kommen diese Gesetze nur entgegen.

Würstelstandlerin: Du bist stur – das ist alles!

Würstelstandler: Pass einmal auf, du Miststück …

Würstelstandlerin: Das ist sexuelle Belästigung!

Würstelstandler: Was? Miststück?

Würstelstandlerin: Ja.

Bettlerin: Man muss ja wirklich so aufpassen, was man heutzutage sagt. Und ich hätt' so eine Lust auf eine Knackwurst.

Würstelstandlerin: Gute Wahl. Ist exakt 17,5 cm lang, mit einem Durchmesser von 1,8. Wie vorgeschrieben.

Bettlerin: Als Kundin ist mir das nicht so wichtig, Hauptsache, sie schmeckt gut.

Würstelstandlerin: Ja, aber wenn sie eine Falschformatige kaufen und erwischt werden, krieg' nicht nur ich eine Strafe, sondern Sie auch.

Bettlerin: Was? So weit sind wir schon?

Würstelstandler: Alles hat seine Ordnung.

Bettlerin: Dann danke – da vergeht einem ja der Appetit! *(Zur Seite)* Und Geld hab' ich sowieso keins. *(Ab.)*

Würstelstandler: Konservative Idiotin!

Würstelstandlerin: Man muss doch mit dem Fortschritt gehen!

Würstelstandler: Und die Gesetze befolgen! – Was is'? Feierabend! Gemma was trinken?

Würstelstandlerin: Ja, aber weißt eh, seit gestern sind nur mehr 500 ml pro Abend erlaubt.

Würstelstandler: Mocht nix. Wir können dann ja bei mir zu Hause weitermachen.

(Beide ab.)

EU-WÜRSTELSTAND (2013)

(Ein Würstelstand im Prater. Der Würstelstandler stellt der Reihe nach seine Schilder mit Angeboten auf. Eine Kundin kommt dazu und schaut sich die Schilder an.)

Würstelstandler: Na, die Dame? Was hätten Sie denn gerne?

Kundin: Also, bei der großen Auswahl kann man sich ja gar nicht entscheiden.

Würstelstandler: So ist das in den heutigen Zeiten mit der Globalisierung.

Kundin: Aber was hat denn ein Würstelstand mit Globalisierung zu tun?

Würstelstandler: Schauen Sie, wir leben in einer internationalen Stadt – einer multikulturellen Metropole. Da muss ich für jeden etwas anbieten. Schließlich sind wir ein Teil von Europa, und andere Teile von Europa sind bei uns. Da muss man sich anpassen!

Kundin: Aber ich versteh' ja gar nicht alles, was Sie da anbieten.

Würstelstandler: Dann müssen Sie eben anfangen, ein paar Fremdsprachen zu lernen.

Kundin: Fremdsprachen?! –Nur damit ich Ihre Speisen versteh'?

Würstelstandler: Tja, wenn SIE ein Problem damit haben, dann liegt es auch an IHNEN, etwas dagegen zu tun.

Kundin: Also, so kompliziert ist das heute, wenn man bloß was essen will! Da wollte ich mir in meiner Mittagspause nur schnell eine Kleinigkeit kaufen, und dann DAS – die Mittagsjause wird zur Wissenschaft.

Würstelstandler: Aber, jetzt übertreiben S' doch nicht! Darf ich Ihnen etwas empfehlen?

Kundin: Ich hab' aber nicht viel Zeit. In 20 Minuten muss ich wieder im Büro sein.

Würstelstandler: Das geht sich alles aus. Ich bin multitasking.

Kundin: Als Mann?

Würstelstandler: Nicht frech werden!

Kundin: Jetzt erklären Sie schon, was Sie da alles haben!

Würstelstandler: Gut. Da haben wir ein saftiges, würziges Pörkölt aus Ungarn. Bei uns heißt's Gulasch. Das werden Sie ja kennen?!

Kundin: Ja, aber ich steh' nicht so auf Paprika. – Pizza kenn' ich übrigens auch, dazu brauchen Sie mir nichts zu erklären. Kommt aus Italien. – Aber was ist Pälla?

Würstelstandler: Pälla? Was?

Kundin (deutet auf ein Schild): Hier, Pälla.

Würstelstandler: Ach was, das heißt P-a-e-j-a – kommt aus Spanien und ist so was wie ein Reis-Gröst'l mit Fisch und Muscheln.

Kundin: Fisch? – Nein, danke.

Würstelstandler: Dann hätt' ich noch deftige Pljeskavica.

Kundin: Noch nie gehört.

Würstelstandler: San praktisch Fleischlaberl' vom Balkan.

Kundin: Und Bifteki?

Würstelstandler: Das Gleiche in Grün, aber aus Griechenland.

Kundin: Und wahrscheinlich mit weniger Budget zubereitet.

Würstelstandler: Und mit a bisserl Pferdefleisch.

Kundin: Piroggi klingt irgendwie süß.

Würstelstandler: Na, na! – Das ist nichts Süßes. Das sind polnische Teigtaschen.

Kundin: Zu viele Kalorien!

Würstelstandler: Was wär mit Kartoffelpuffern mit Schinken und Käse – eine Spezialität aus Tschechien.

Kundin: Zu fett!

Würstelstandler: Ein Kebab oder Dürüm?

Kundin: Ich mag kein Schaffleisch.

Würstelstandler: Ein Hamburger oder Hotdog?

Kundin: Viel zu ungesund!

Würstelstandler: Ein Gyros vielleicht, mit einem Stamperl Ouzo?

Kundin: Ich trink' keinen Alkohol!

Würstelstandler: Ein überbackenes Baguette?

Kundin: Weißmehl macht dick!

Würstelstandler: Oder eine köstliche Elchwurst?

Kundin: Elch? Das arme Tier!

Würstelstandler: Hat aber jeden Test bestanden. – Ein English Breakfast würde Ihnen sicher gut schmecken. Oder ein Teller Borschtsch?

Kundin: Wissen S' was? Ich nehm' einfach eine Semmel mit Pferdeleberkäs'.

Würstelstandler: Gute Wahl! Und dazu ein Sechzehner-Blech – würde ich empfehlen!

Kundin: Irgendwann ernähren wir uns alle von Licht.

Würstelstandler: Ja, aber dann schraub' ich die 15er-Birn' rein!

ZICKENKRIEG AM MARKT (2012)

(Ältere Frau beim Einkaufen, sieht auf ihren Einkaufszettel.)

Ältere Frau: Mal schauen, ich brauch' noch ein Kilo Tomaten, aber die kauf' ich da vorne. Die Äpfel hier sind recht günstig.

Jüngere Frau (zickig): Geh'n S' doch einmal aus dem Weg! Sie verstellen ja alles.

Ältere Frau: Wie bitte?

Jüngere Frau: Glauben Sie, Sie sind allein auf der Welt? Es gibt noch andere Leute, die was einkaufen wollen.

Ältere Frau: Sind Sie auf Drogen? Oder, was?

Jüngere Frau: Also, beleidigen muss ich mich nicht lassen.

Ältere Frau: Und was machen Sie?

Jüngere Frau: Gehen S' doch einfach zur Seite, ich hab' schließlich nicht den ganzen Tag Zeit.

Ältere Frau: Ich war aber vor Ihnen da.

Jüngere Frau: Sie gehen mir schön langsam auf die Nerven.

Ältere Frau: Eine Katze in der Waschmaschine hat ja bessere Nerven als Sie. Haben Sie nichts gegessen? – Sie haben wohl ein paar Kilos verloren.

Jüngere Frau: Und Sie haben sie anscheinend gefunden.

Ältere Frau: Persönlich brauchen S' jetzt aber nicht werden!

Jüngere Frau: Hat Ihr Ego den Sturz nicht abgefedert?

Ältere Frau: Und Sie besitzen anscheinend nichts, außer Ihr Ego. So nach dem Motto »Das Universum bin ich«. Ich war schon immer ein Freund von solchen Egozentrikern wie Ihnen.

Jüngere Frau: Wer ist da eine Egozentrikerin?! Sie gehen ja nicht aus dem Weg und blockieren alles.

Ältere Frau: Was ist Ihnen denn über die Leber gelaufen, dass Sie sich so aufführen?

Jüngere Frau: Ich weiß wirklich nicht, was Sie meinen.

Ältere Frau: Das merke ich. – Ich kann ja verstehen, dass man mal einen schlechten Tag hat, deshalb bleib' ich jetzt auch ganz ruhig und bringe Ihnen bloß Mitleid entgegen.

Jüngere Frau: Mitleid?! Ich brauch' Ihr Mitleid nicht. Kümmern Sie sich lieber um Ihre eigenen Angelegenheiten.

Ältere Frau: Das versuche ich ja, aber Sie lassen mich ja nicht. Ich wollt' nur einfach ein paar Äpfel kaufen.

Jüngere Frau: Dann machen Sie das doch endlich!

Ältere Frau: Wenn Sie mich doch die ganze Zeit davon abhalten!

Jüngere Frau: Ich Sie? Sie halten mich von meinem Einkauf ab.

Ältere Frau: Also, jetzt reicht's mir. *(Erbost ab.)*

Jüngere Frau (schüttelt den Kopf): Und mir ist sowieso der Appetit vergangen. *(Ab.)*

WIRTSHAUS (2010)

Erster Strizzi (mit geschwellter Brust): San Hos'n do? *(Schaut sich um.)* Na! – Gott sei Dank *(Sackt zusammen.)* Wo sind sie denn alle, meine Haserl?! Ich sag's Ihnen, als Mann hat man's im Leben echt schwer. Die

Frauen können alles, eigentlich sollten sie die Welt regieren. Als Mann lasst man sich immer an der Nase herumführen, und die Frauen sitzen immer am längeren Ast. Die Frauen sind auch viel g'scheiter und sie schaffen es, das so zu verkaufen, dass der Mann immer glaubt, er wäre der Held. Aber es ist ja bekannt, dass hinter jedem erfolgreichen Mann eine starke Frau steht.

Wirtin: Na, was jammerst du da? Hast vielleicht an Hunger?

Erster Strizzi: Nein, aber an Durst.

Wirtin: Ihr Männer solltet nicht immer nur saufen, sondern auch was essen – etwas Gesundes.

Erster Strizzi: Weil du dich vielleicht so gesund ernährst?!

Wirtin: Ich geb's ja zu, als Köchin tut man sich da ein bisserl schwer. Aber lieber so, als dürr wie diese ganzen Mäderln am Laufsteg.

Erster Strizzi: Das stimmt. Hast du übrigens die Resi gesehen? Die müsste auch schon langsam von ihrem Auftritt am Laufsteg zurückkommen.

Wirtin: Nein.

Zweiter Strizzi: Habe die Ehre. Du, ich hab' grad die Resi ,troffen, die hat noch einen Kunden.

Erster Strizzi: Ah, fleißig, das Mäderl.

Wirtin: Ist es draußen so kalt, weil du so eine rote Nase hast?

Zweiter Strizzi: Nein. Mei' Naserl is' so rot, weil ich so blau bin.

Dirne: Da bin ich. Hab' noch ein lukratives Geschäft an Land gezogen.

Erster Strizzi: Du bist ein braves Mädel. So viel wie du hat mir noch nie eine eingebracht.

Zweiter Strizzi: Meine sind alle die totalen Loser. Die bringen viel zu wenig ein. Ich hab' ja schon überlegt, ob ich mich selbst nicht in diese Richtung engagieren sollte.

Wirtin: Na ja, weiß nicht, ob sich da jemand interessieren tät'.

Erster Strizzi: Na, sag' einmal. Heute ist doch alles möglich!
Wirtin: Auch wieder wahr.
Zweiter Strizzi: Ich leg's auf einen Versuch an. Ich probier's
einfach mal übers Internet.
Erster Strizzi: Über Facebook – ich helf' dir. Komm, legen
wir los!

(Zweiter Strizzi und Erster Strizzi ab.)
Dirne: Viel Glück! – Das Schicksal einer Frau – man ist halt
von den Männern abhängig.
Wirtin: Lass nicht den Kopf hängen, führ' die Männer an
der Nase herum und dann lass sie fallen.
Dirne: Das ist aber gemein.
Wirtin: Nein, nein, die wollen das so. Und jetzt komm mit
in die Küche. Kriegst was Gutes, damit du für die Arbeit
gestärkt bist.
Dirne: Ja, gern, danke.

(Beide ab.)

WIRTSHAUS (2012)

Kellnerin: Und – wie läuft das Geschäft?
Gast: Wissen Sie, früher war alles besser.
Kellnerin: Das glaub' ich nicht. Der Fortschritt hat doch
seine Vorteile.
Gast: Für mich gibt's keinen Fortschritt.
Kellnerin: Jetzt seien Sie doch nicht so negativ. Schauen S'
zum Beispiel, was soll denn die Milli sagen, die ist schon
als junges Mädchen auf den Strich geschickt worden. Und
jetzt, in ihrem Alter, muss sie um jeden Kunden kämpfen.
Und die Zuhälter werden immer jünger.
Gast: Hoffentlich behandelt er sie wenigstens gut.

Kellnerin: Ich glaub' schon. Sie sagt, sie hat erst kürzlich eine Seite an ihm entdeckt ...

Gast: Solche Typen haben meistens nur zwei Seiten. Oh nein, da kommt er – und: oh, gut, er geht wieder! Wo ist Ihrer eigentlich?

Kellnerin: Ist von einem Zecken im Prater gebissen worden und jetzt ist er impfen.

Gast: Wer? Der Zeck?

Kellnerin: Geh, Blödsinn!

Gast: Gibt's eigentlich was zu trinken?

Kellnerin: Nur EU-Wein!

Gast: Was ist das?

Kellnerin: Weiß und rot, gemischt, ein Cuvée aus 12 EU-Ländern.

Gast: Pfui Teufel! Die EU ist auch nicht mehr das Wahre.

Kellnerin: Wieso?

Gast: Für die zählt doch nur mehr das Geld! Weißt du, dass sie versucht haben, Griechenland auf eBay zu verhökern?

Kellnerin: Na, dann trinkst halt keinen Wein. Alkohol ist sowieso nur eine vorübergehende Lösung.

Gast: Nur, wenn du aufhörst zu trinken. Was gibt's denn als Menü?

Kellnerin: Willst du essen, speisen oder dinieren?

Gast: Was ist da der Unterschied?

Kellnerin: Der Preis!

Gast: Ich habe heute noch gar nix gegessen. Ich wäre schon froh, wenn ich nur ein Honigbrot bekommen könnte.

Kellnerin: Echte Männer essen keinen Honig. Sie kauen Bienen!

Gast: Hast gar nix Süßes?

Kellnerin: Marokko!

Gast: Was?

Kellnerin: Eine neue Eismischung: Marille – Fiocco. Aber dir würde eher eine Diät nicht schaden.

Gast: Mach' ich doch gerade. Die amerikanische Sea-Food-Diät!

Kellnerin: Wie geht die?

Gast: Ganz einfach: When I see food, I eat it!

(Prostituierte kommt)

Nutte: Guten Tag. Ich sag's euch, es wird immer schwieriger. Alles gibt's heutzutage im Internet gratis. Wie soll man denn da noch sein Geld verdienen?! Und wenn man dann noch in die Jahre kommt, und die Arztrechnungen steigen ...

Gast: Kennt ihr schon die wichtigsten drei Beiträge zur Zivilisation? Orgien, Wein und Bulimie!

Nutte (zu Kellnerin): Was hat denn die Katze hier reingeschleift?

(Die Kellnerin lacht.)

Gast: He, glaubt ihr, dass ich das nicht spanne?

Nutte: Natürlich spannst du!

Gast: Frechheit! Ich bin ein netter Mensch. Wenn ich Freunde hätte, könnten die das bestätigen.

Nutte: Du brauchst halt etwas mehr Respekt vor Frauen!

Gast: Was heißt vor Frauen? Jetzt erwarten schon die Praterdirnen Respekt. Bald werden s' eine Gewerkschaft gründen. Und die Zuhälter werden zwecklos. Die Laufhäuser nehmen überhand.

Kellnerin: Bei dem Wort muss ich immer an einen Hamster im Laufrad denken. *(Lacht.)*

Gast: Der Fortschritt! Sag' ich ja – es kommt nichts Besseres nach. Es dreht sich immer alles ums Gleiche.

IM WIRTSHAUS (2013)

(Fräulein Milli kommt ins Wirtshaus, setzt sich, studiert die Speisekarte.)

Wirt: Ein Glas Bier wie immer, Fräulein Milli?

Fräulein Milli: Nein, heut' nehm' ich einen weißen Spritzer.

Wirt: Oje, ist was passiert?

Fräulein Milli: Bier macht dick.

Wirt: Und Wein nicht?

Fräulein Milli: Nein, der zerrt.

Wirt: Wohin?

Fräulein Milli: Geh! Das steht ja schon bei den oiden Griechen! Hippokrates, Sokrates ...

Wirt: Feta-Käs'.

Fräulein Milli: Was?

Wirt: Den gab's gestern zu Mittag. Der war alt.

Fräulein Milli: Na, mit einem Glaserl Bier oder Wein kann man ihn sicher runterspülen.

Wirt: Na ja, wenigstens sind wir uns einig, dass beides betrunken macht.

Fräulein Milli: Da hamma aber ein Glück. *(Beide lachen.)* Wie kommt's eigentlich, dass Sie in so einem Lokal arbeiten?

Wirt: Ich schreib' ein Buch.

Fräulein Milli: Worüber?

Wirt: Über Idioten, die Fragen stellen.

Fräulein Milli: Wieso?

Wirt: Soll ich was zum Schreiben holen?

Fräulein Milli: Sie sind mir ein Rätsel.

Wirt: Leistet Ihnen heute niemand Gesellschaft?

Fräulein Milli: Doch, doch. Das Fräulein Anni kommt noch, aber sie hat noch eine Kundin im Geschäft.

Wirt: Das Fräulein Anni arbeitet zu viel.

Fräulein Milli: Was soll sie denn machen, wenn eine Gnädige noch ihren Rocksaum geändert braucht, weil sie doch morgen zu einem wichtigen Diner geladen ist.

Wirt: Ja, ham S' recht, wenn sie's nicht macht, macht's eine andere Schneiderin.

Fräulein Milli: Und die Anni verliert ihre Kundschaft. Das kann man sich heutzutage nicht leisten.

Wirt: Ist ja bei mir auch nicht anders. *(Fräulein Anni tritt auf.)* Ah, Fräulein Anni, begrüße Sie. Haben S' wieder lang arbeiten müssen!

Fräulein Anni: Die Baronesse Corti! Immer das Gleiche – nie zufrieden. Und ihr auditives Verarbeitungsdefizit!

Fräulein Milli: Was?

Fräulein Anni: Na, derrisch is' auch noch!

Wirt: Dabei kann die machen, was sie will – gleichschauen wird sie nie was.

Fräulein Anni: Ja eh, aber die Eitelkeiten …

Fräulein Milli: Trinkst einen weißen Spritzer mit mir?

Fräulein Anni: Ja, gern. Und, Herr Franz – vielleicht bringen S' uns ein bisserl was zum Knabbern.

Wirt: Sie sind doch selber zum Anbeißen, Fräulein Anni.

Fräulein Anni: Charmeur!

Wirt: Engel verführt man gar nicht oder schnell! *(Blick von den beiden Fräuleins.)* – Brecht!

Fräulein Milli: Na, so schlecht ist das Knabberzeug auch wieder nicht!

Wirt: Kommt sofort. *(Lächelt, ab und holt zwei weiße Spritzer.)*

Fräulein Anni: Dass sich der keine Frau findet?! Wo er doch so ein netter Mensch ist – und so zuvorkommend.

Fräulein Milli: Ach, das kenn' ich! Man springt in den Dating-Dschungel und fängt sich was ein. *(Zu Fräulein Anni)* Was wär' denn mit dir – gefällt er dir nicht?

Fräulein Anni: Ja, irgendwie schon, aber dann müsst' ich hier in der Wirtschaft mitarbeiten – und ich sitz' doch viel lieber einfach hier rum und trink' was.
Fräulein Milli: Das kann ich verstehen.
Wirt (tritt mit zwei Gläsern und einer Schale Knabberzeug auf): Bitteschön. – Schönes Wetter haben wir heute.
Fräulein Anni: Ach so, hab' ich gar nicht mitgekriegt. Sitz' ja tagein, tagaus in der Schneiderei.
Wirt: Da werden Sie sich noch die Augen verderben. Vor allem bei einer Nacht wie dieser!

ZUGEREISTE PRATERTYPEN

HARALD HAVAS

Der Wiener Prater war immer schon ein Tummelplatz von ganz besonderen Typen, von Hutschenschleuderern und Praterfeen, von Watschenmännern und großen Chinesen. Daher war es eigentlich kein Wunder, dass der spätere Bürgermeister Helmut Zilk einem weiteren solchen hier Asyl anbot. Aber beginnen wir am Anfang.

Salzburg hat die Mozartkugel, aber Wien hat – Kugelmugel. Und das kam so. 1971 errichtete der in Vorarlberg geborene Künstler Edwin Lipburger im niederösterreichischen Katzelsdorf seine Vision des Hauses der Zukunft, nämlich ein Haus in Form einer 8 Meter durchmessenden Kugel, die einen Platzbedarf am Boden von nur einem Quadratmeter benötigte. Ohne Baugenehmigung, aber im Einvernehmen mit dem Grundstücksbesitzer. Außerdem stellte er Ortsschilder mit dem Namen »Kugelmugel« auf.

Die örtlichen Behörden fanden das nicht so lustig und reagierten mit Paragrafen wie Amtsanmaßung. Polizeieinsätze und gerichtliche Klagen wurden durchgeführt. Lipburger gab aber nicht nach, sondern trat sozusagen die Flucht nach vorne an und erhob 1976 sein Kugelmugel kurzerhand zur eigenen Republik. Damit wähnte er sich extraterritorial der österreichischen Justiz entzogen. Die sah das freilich anders und säbelrasselte nun erst recht. Als die Sache schließlich endgültig eskalierte – Lipburger landete kurzzeitig sogar im Gefängnis, sein Bau sollte abgerissen werden –, schaltete sich in letzter Sekunde Wiens damaliger Kulturstadtrat Helmut Zilk ein und erklärte sich bereit, die »Republik Kugelmugel« innerhalb von Wien aufzunehmen. Genauer sagte er etwas in der Richtung von, es gäbe in Wien schon genug schräge Vögel, und da werde man für einen weiteren schon noch ein Patzerl finden.

Lipburger stimmte zu und erhielt 1982 ein rundes Grundstück im Umfang seines Hauses plus ein paar Meter drum herum im Wiener Prater zugewiesen, insgesamt 64 Quadratmeter. Gleich an der Hauptallee in der Nähe des Minigolfplatzes neben dem Riesenrad.

Die »Republik Kugelmugel« erhielt einen Stacheldrahtzaun gleicher Bauart wie der, der damals noch Richtung Osten stand. Außerdem montierte Lipburger auch eine eigene Straßentafel mit der Aufschrift »Antifaschismusplatz«, sein Haus erhielt die Adresse »Antifaschismusplatz 1«.

Die Öffnungszeiten der Republik, im Wesentlichen die Anwesenheitszeiten ihres Präsidenten Lipburgers, zwecks Besichtigung, waren außen an der Staatsgrenze angebracht. Lipburger stellte auch Pässe der Republik Kugelmugel aus – weltweit gibt es über 600 »Kugelmugelianer« – und es gab zumindest zeitweise sogar eine Botschaft der Republik in der Wiener Innenstadt, genauer gesagt in der Singerstraße.

Lipburger nahm auch Briefe mit Briefmarken der Republik Kugelmugel entgegen, für deren Zustellung die Verfasser aber etwas Geduld aufbringen mussten, da er, der Präsident, nur ein Mal pro Jahr – dafür höchstselbst und per Rad – in ganz Österreich auslieferte.

Da die ursprünglich zugesagten Strom- und Wasseranschlüsse nicht erfolgten (und an dieser Stelle offenbar gar nicht erfolgen dürften), tobt seit damals ein noch nicht beigelegter Behördenstreit zwischen der Republik Kugelmugel, vertreten durch ihren »Generalvolksanwalt« Mag. Edwin Lipburger, und der Gemeinde Wien.

2006 wurde Lipburger, der sich irgendwo zwischendurch in Lipburger-Kugelmugel umbenannte, durch »Nichtwahl« in seinem Amt als Präsident bestätigt.

Ob Kugelmugel zusammen mit Österreich der EU beigetreten ist und andere politisch-territoriale Fragen sind immer noch offen, besichtigen – und die Geschichte des Hauses und Staates an der Staatsgrenze lesen – kann man das Haus aber noch immer jederzeit bei einem kleinen Praterspaziergang.

Und jetzt noch zum oben erwähnten »Großen Chinesen«. Der ist auch für heutige Wiener immer noch Synonym mit dem – nicht so wirklich – chinesischen Namen Calafati. Dieser mitterweile sprichwörtliche »Schutzgeist« des Praters, geht auf eine tatsächlich lebende Person zurück.

Basilio Calafati (1800–1878) war vieles: Zauberkünstler, Schießbuden- und Karussellbetreiber, Gasthausbesitzer ... Nur eines war er nicht, nämlich Chinese. Tatsächlich war er Italiener griechischer Herkunft und sein Name Καλαφάτης, auch der Beiname des byzantinischen Kaisers Michael V., bezeichnet eigentlich den Beruf des »Abdichters«, der sich auch in dem deutschen Wort »Kalfaterer« und »kalfatern« wiederfindet. Die Verwechslung geht darauf zurück, dass Calafati als Karussellmast eine große Figur mit orientalischen Zügen errichten ließ, die bald den Namen »Der große Chineser (sic!)« erhielt und zu einem der Wahrzeichen des Wiener Praters avancierte. Noch heute dreht er sich, auch ohne Karussell, inmitten des Wurstelpraters und ist gemeinhin als Calafatti oder auch Kalafatti bekannt. Allerdings handelt es sich beim heutigen »Kineser« um eine Nachbildung aus Naturstein. Der echte Chinese wurde 1945 während der »Schlacht um Wien« mitsamt dem Ringelspiel zerstört. Die Originalfigur war neun Meter hoch, trug Kleidung aus Brokatstoff und hatte einen elf Meter langen Zopf aus 17 Kilogramm Rosshaar.

Heute erinnert auf dem neuen Riesenradplatz eine Statue an Calafati. Und der Platz, auf dem der Chinese neben einer zweiten Figur (der Glücksgöttin Fortuna) steht, die manchmal als Kalafattis Frau bezeichnet wird, heißt seit 1963 in einer Art namentlicher Mischform Calafattiplatz (vorher 1. Rondeau). Die Original-Fortuna ist übrigens erhalten und steht heute im Pratermuseum.

Schönbrunner Leute

RENATE WOLTRON & MANUEL GIRISCH

DIE FEINEN HERRSCHAFTEN (2005)

(Eine ältere Dame, etwas dominant, und ein älterer Herr, leicht daneben, aus Schönbrunn und ein nobles Pärchen gehen in der Prater Hauptallee spazieren. Sie sprechen mit »Schönbrunner Akzent«. Die Szene spielt in der Vergangenheit.)

Ältere Dame: Ach, mein Lieber, so ein Sonntag im Prater ist schon etwas Wunderbares.

Älterer Herr: Ja, weil ...

Ältere Dame (unterbricht ihn): Schau dir da drüben die herrlich blühenden Bäume an.

Älterer Herr: Und die ...

Ältere Dame (unterbricht ihn): Ja, und die niedlichen Vögerl, wie die schön zwitschern.

Älterer Herr: Das Glück is' ...

Ältere Dame (unterbricht ihn): ... ein Vogerl, wie wahr, wie wahr! Und alles trifft sich hier. Vielleicht begegnen wir ja auch jemandem, den wir kennen.

Älterer Herr: Da drüben ... *(deutet)*

Ältere Dame: Ja, ja, die Stauffenbergs, aber denen gehen wir besser aus dem Weg. – Immer Skandale!

Älterer Herr: Ja, so ein Sonntag …
Ältere Dame (unterbricht ihn): … ist direkt a Freud'.
Älterer Herr: Weißt du, früher, da hab ich …
Ältere Dame (unterbricht ihn): Ja schau, wer da kommt!

(Sie treffen auf ein jüngeres nobles Pärchen.)
Ältere Dame: Ja, der Herr Prof. Girisch. Und die liebe Gattin.
Junger Herr: Küss die Hand. Habe die Ehre.

(Begrüßung. Die Männer küssen den Damen die Hände.)
Ältere Dame: Von Ihnen hört man ja schöne Geschichten. Sie wollen unser liebes Wien verlassen.
Junger Herr: Ja, wissen Sie, ich bin nach England engagiert worden. In die Kapelle des Prinzen of Wales. Und Sie werden verstehen, so ein Angebot kann man als aufstrebender Musiker doch nicht ausschlagen.
Ältere Dame: Haben S' ja recht.
Junger Herr: Und jetzt genießen wir noch die letzten Tage in Wien. Denn Sie wissen ja, wie das ist. Als Philosoph im eigenen Land bist ohne Geld recht bald am Sand.
Ältere Dame/Älterer Herr/Junge Dame (im Chor):

Uns is' des net ans, uns is' des net ans, ob mar a Geld ham oder kans.

(Ausstieg. Die Vier steigen aus ihren Rollen aus und zeigen sich als Schauspieler.)
Junge Dame: Jetzt kommt doch irgendetwas mit dem Kaiser. – Wie leit' ma denn da über?
Ältere Dame: Geh, hör auf. Die Leute glauben sonst, wir haben einen Hänger.
Junger Herr: Tua weiter!
Junge Dame: Ja, eh.

(Die Vier schlüpfen wieder in ihre Rollen.)

Junger Herr: Wenn man sich vorstellt, wie damals noch der Kaiser durch die Hauptallee gefahren ist.

Älterer Herr: Ein Kaiser hat es aber leider auch nicht nur schön gehabt.

Ältere Dame: Ja, weil in Wahrheit waren Kaiser und Könige in ihrer Zeiteinteilung sehr beschränkt.

Älterer Herr (zur Seite): Ah, in der Zeiteinteilung. Ja.

Junger Herr: Haben sich nichts frei einteilen können.

Junge Dame: Das hat sich ja zum Glück geändert.

Junger Herr: Die Zeit ändert viel. Und manches von früher gehört längst zum alten Eisen.

Älterer Herr: Wie das Riesenrad – das ist auch aus altem Eisen.

Ältere Dame: Die Wiener fahren bald nimmer bei den Preisen.

Junger Herr: Ach, hören Sie auf!

Junge Dame: Das mit dem oiden Eisen, das ist ja die Zahnradbahn.

Ältere Dame: So, jetzt schauen wir aber weiter. Wir sind noch zum Tee eingeladen. Auf Wiedersehen.

(Das ältere Paar entfernt sich.)

Junge Dame: Der arme Mensch. Der hat's auch nicht leicht im Leben.

Junger Herr: Ja, dabei ist der Mann so ein braver Mensch. Der Herr Grenadier Horvath.

Junge Dame: Brigadier!

Junger Herr: Ja. Wenn sie zu Haus' beim Mittagessen sitzt und vergeblich auf ihn wartet und er kann nicht weg, weil die Sitzung so lang dauert, dann hört bei ihr das Verständnis sofort auf. – Aber egal, wir können ihm eh nicht helfen. Genießen wir lieber unseren freien Tag im Prater.

Junge Dame: Und weißt was, wir fahren jetzt mit der Zwergerl-Hochschaubahn.

Junger Herr: Gut, mein süßes Zwergerl. Und anschließend spazieren wir in die Lobau.

SCHÖNBRUNNER LEUTE (2006)

(Zwei Schönbrunner Damen und zwei Schönbrunner Herren mit »Schönbrunner Akzent« begegnen einander in der Prater Hauptallee und flirten miteinander. Die Szene spielt in der Vergangenheit.)

Erste Dame: Ach, diese Spaziergänge im Prater sind immer ein Genuss!

Zweite Dame: Haben Sie schon vernommen, dass man nächste Woche ein Fest gibt zur Eröffnung der Weltausstellung?

Erste Dame: Ja, man erwartet sogar den Kaiser und die Kaiserin.

Zweite Dame: Ja, ich hab' nur noch keinen Begleiter. Mein Bruder ist leider auf einer Dienstreise.

Erste Dame: Da werden wir schon noch jemanden für Sie finden. – Wie wär's denn mit dem Grafen Bobby? Der verehrt Sie doch schon länger.

Zweite Dame: Der ist halt nicht so lustig und gar so alt für meine Verhältnisse.

Erste Dame: Also etwas Jüngeres! – Wie wär's denn mit dem Baron Karl?

Zweite Dame: Der hat sich doch erst vorige Woche mit der Prinzessin Fiona verlobt.

Erste Dame: Na geh, wirklich? Die ist doch schiach wia a Uhu.

Zweite Dame: Ich finde, dass ein Uhu ein sehr schönes Tier ist.

Erste Dame: Da haben Sie eigentlich recht. Ich verstehe auch nicht, woher dieser Ausspruch kommt.

Zweite Dame: Wird wohl wieder etwas Hysterisches ... äh ... Historisches dahinterstecken.

Erste Dame: Zudem soll er nicht besonders helle sein. Man erzählt, er hält Sisyphos für eine Geschlechtskrankheit. – Aber schauen Sie doch, meine Liebe, wer da kommt. – Die Grafen Bobby und Rudi.

Zweite Dame: Der Graf Rudi würde mir schon gefallen.

Erster Herr: Einen wunderschönen guten Tag, die Damen.

(Begrüßung mit Handküssen.)

Zweiter Herr: Sie genießen also auch diesen sonnigen Tag im Prater!

Erste Dame: Ja freilich, die Sonne ist ja so wichtig fürs Gemüt.

Zweiter Herr: Und wir sind lustig! Schließlich sind wir ja im Prater.

Erster Herr: Würden die Damen uns vielleicht die Ehre erweisen, mit uns ein Gläschen Wein zu trinken?

Erste Dame: Aber gewiss doch. Vielen Dank.

Erster Herr: Setzen wir uns doch da drüben zum Eisvogel.

Zweiter Herr: Wir waren letztens zum Geburtstag vom Kaiser dort geladen. Das war ein wirklich prachtvolles Fest. Mein lieber Freund hatte sogar die Ehre, mit der Kaiserin zu tanzen.

Erster Herr: War wie eine Feder. Ich hatte fast Angst, ihr wehzutun.

Erste Dame: Aber! Wie können Sie nur so was sagen – bei dieser Ehre.

Erster Herr: Wenn's doch die Wahrheit ist. Und daneben benommen hat sich schließlich der Graf von Corti, nicht ich.

Erste Dame: Klingt irgendwie ordinär!

Erster Herr: Das war's auch, glauben Sie mir. Aber das wollen Sie gar nicht wissen.

Erste Dame: Bei uns in der Steiermark ist das Klima noch weit sanfter. Wir sind oft auf Jagdgesellschaften eingeladen.

Zweiter Herr: Jagden gibt's bei uns ja auch – im Wienerwald. Aber ich nehme da eigentlich nie teil.

Erster Herr: Er ist ein bisserl zu schwer fürs Pferd.

Erste Dame: Wie ordinär! – Was hat denn Wien noch zu bieten?

Zweiter Herr: Nicht viel.

Zweite Dame: Was heißt nicht viel? Wir sind die Hauptstadt einer großen Monarchie. Wir haben außergewöhnlich viel zu bieten. Die Innenstadt geht über vor sehenswerten Gebäuden. Villen, Paläste ...

Zweiter Herr: Zwielichtige Spelunken ...

Erste Dame: Wie ordinär!

Zweite Dame: Selbstverständlich gibt es auch negative Seiten – wie überall, aber davon muss man ja nicht reden.

Zweiter Herr: Natürlich nicht.

Erste Dame: Was sieht man denn dort in der Ferne?

Zweite Dame: Das Riesenrad.

Erste Dame: Ach ja, ist ja von den Engländern.

Zweiter Herr: Dort gibt's auch zwielichtige Gestalten.

Erste Dame: Wie ordinär!

Zweite Dame: Aber nicht nur. Der Prater ist ein sehr beliebtes Ziel für Sonntagsausflüge – mit all seiner grünen Pracht.

BEGEGNUNG IM PRATER (2009)

(Zwei feine junge Herren schlendern durch den Prater. Sie begegnen einer feinen älteren Dame und ihrer Tochter. Alle sprechen mit »Schönbrunner Akzent«. Die Szene spielt in der Vergangenheit.)

Erster junger Herr: Meine Verehrung, die Damen!

Zweiter junger Herr (flirtet mit der Tochter): Küss die Hand!

Mutter: Meine Herren, Sie sind aber letzten Sonntag vom Souper bei den Cortis sehr schnell verschwunden. Warum haben Sie's denn so eilig g'habt?

Zweiter junger Herr: Dienstliche Verpflichtungen, Gnädigste. Sie wissen doch, es gibt Unruhen in der Steiermark. Diese Bauern wollen es den Tirolern nachmachen und ihr Land befreien.

Mutter: Na geh, von wem wollen sie's denn befreien?

Erster junger Herr: Ich glaube, das wissen s' selber nicht so genau.

Tochter: Vielleicht von den Murtalern. Man hört ja, dass das ein sehr aufwieglerisches Volk ist.

Mutter: Na geh? Ist das so?

Zweiter junger Herr: Ja, da hat Ihr bezauberndes Fräulein Tochter schon recht.

Mutter: Sie will immer so viel wissen, dabei reicht's doch, wenn sie sticken und Konversation machen kann.

Erster junger Herr: Konversation über Politik.

Mutter: Aber geh'n S', das interessiert doch bei gesellschaftlichen Anlässen die Damen nicht.

Tochter: Mich interessiert das schon, liebe Mama. Für mich ist das logisch.

Zweiter junger Herr: Mein liebes Fräulein, wäre die Welt ein logischer Ort, würden die Männer im Damensattel reiten.

Mutter: Ja, ja, Kindchen, das ist auch das Problem. So wirst du nie einen Mann finden.

Erster junger Herr: Bei allem Respekt, Verehrte. Sie können mir glauben, wenn ich Ihnen sage, dass die Männer Frauen mit Verstand weit mehr bevorzugen.

Mutter: Na, geh'n S', wirklich? Dabei ist doch das Leben viel zu kurz, um sich seinen schönen Kopf über Politik und andere beschwerliche Belanglosigkeiten zu zerbrechen.

Zweiter junger Herr: Wir leben in modernen Zeiten, es hat sich viel geändert.

Erster junger Herr: Fiaker wird's auch bald keine mehr geben. Das Automobil hat einen Siegeszug um die Welt angetreten.

Mutter: Na, geh'n S', wirklich? Ich kann mir nicht vorstellen, dass die Fiaker eines Tages von den Straßen verschwinden.

Tochter (Blick auf Mutter): Vieles von einst gehört längst zum alten Eisen.

Mutter: Ja, ja, schau mich nur an! Erst war ich immer zu jung, jetzt bin ich zu alt. Ich frage mich, wann war ich eigentlich?

Tochter: So hab ich's doch nicht gemeint!

Mutter: Jedenfalls ist dieses neumodische Zeugs ja auch nicht immer das Beste.

Zweiter junger Herr: Der Österreicher ist halt von Natur aus dagegen.

Mutter: Wir haben doch so viel schönes Altes zu bieten. Wie unsere Musik zum Beispiel.

Erster junger Herr: Wie wahr! Der Verstand der Österreicher ist seit Jahrhunderten von Musik umnebelt.

Tochter: Für den Fortschritt braucht man eben eine gewisse Reife.

Mutter: Reif ist, wer auf sich selbst nicht mehr hereinfällt. Du kennst ja viel zu wenig von der Welt, meine Liebe.

Tochter: Ja, leider.

Zweiter junger Herr: Sie haben ja noch Zeit, so jung, wie Sie sind, mein Fräulein.

Erster junger Herr: Wer no' in Wien net war und Linz net kennt, wer net in Graz drin scho' spazier'n is' g'rennt, wer Salzburg net hat g'seh'n, das Paradies, hat kan Begriff davon, was Österreich is'.

Mutter: Sie sind ja ein wahrer Poet!

Zweiter junger Herr: Das Dichten hat mein Bruder von unserem Großonkel väterlicherseits.

Tochter: Sie haben einen berühmten Dichter in der Familie?

Zweiter junger Herr: Berühmt nicht gerade. Er hat sein Leben so vor sich hingeschrieben, aber erfolgreich war er zu Lebzeiten nie.

Tochter: Das heißt, er ist schon tot?

Zweiter junger Herr: Ja.

Mutter: Na, dann kann das mit der Berühmtheit ja noch etwas werden. Bei uns in Österreich dauert ja alles ein bisserl länger.

Erster junger Herr: Man sollte die Dinge nicht so tragisch nehmen, wie sie sind.

Mutter (zum Ersten jungen Herrn): Eine unverheiratete Tochter ist schon eine Schande.

Tochter (zum Zweiten jungen Herrn): Meine Mutter kommt bei jeder Hochzeit zu mir, zwickt mich in die Wange und sagt:»Du bist die Nächste.« Aber seit ich das bei ihr bei Begräbnissen mache, hat sie damit aufgehört.

Zweiter junger Herr: Sie sind ganz schön raffiniert.

Tochter: Ich bin eigentlich ganz anders, nur komme ich so selten dazu.

Erster junger Herr: Bruder, wir sollten aufbrechen, man erwartet uns zum Tee. Habe die Ehre! *(Ab.)*

Zweiter junger Herr: Küss die Hand, die Damen, und viel Glück! *(Ab.)*

Tochter: Glück! Was bedeutet schon Glück?

Mutter: Das Glück is' a Vogerl, mein Kind.

FAMILIENAUSFLUG (2013)

(*Eine feine Familie aus Schönbrunn macht einen Ausflug in den Prater. Sie sprechen mit »Schönbrunner Akzent«.*)

Junge Frau: Oh, herrliches Wetter!

Mutter: So eine schöne Natur!

Junger Mann (schaut irgendwelchen jungen Damen nach): Ja, und so üppig!

Junge Frau (schwärmerisch): Schön ist es, am Sonntag durch das Grün des Praters zu flanieren.

Junger Mann (schwärmerisch): Schön ist es, Champagner zu trinken und den Kindern bei ihren Spielen zuzuschauen.

Junge Frau (schwärmerisch): Schön ist es, mit meinem Liebsten die ersten Sonnenstrahlen des Jahres zu genießen.

Junger Mann (schwärmerisch): Schön ist es, mit meiner Liebsten in den Herrlichkeiten des Lebens zu schwelgen.

Mutter (frustriert): Wenn ihr einmal ein paar Jahre verheiratet seid, wird auch bei euch gar nichts mehr schön sein.

Junge Frau: Aber Mama! Wieso sagst du denn so was?

Mutter: Weil ich vielleicht doch ein bisschen mehr Lebenserfahrung hab' als du, mein Kind.

Junge Frau: Aber Mama, du klingst ja fast etwas frustriert.

Mutter: Ach wo! Ich bin bloß realistisch.

Junge Frau: Aber was meinst du denn?

Mutter: Wart' ab, bis er seiner ersten Stutzi begegnet.

Junge Frau: Was meinst du denn damit, Mama? Was ist denn eine Stutzi?

Mutter: Na, irgend so ein Mädel, das ihm den Kopf verdrehen wird.

Junge Frau: Aber Mama, mein Friedrich ist gar nicht so ein … Weiberheld! … Gell, Friedrich?!

Junger Mann (hat nicht zugehört, sondern diversen Frauen nachgeschaut): Was, meine Liebe? Ich war gerade abgelenkt.

Junge Frau: So eine Stutzi wird dir nie passieren? Gell, Friedrich?

Junger Mann: Wie? ... Was? ... Die Stutzi? Was meinst du denn, mein Kind?

Junge Frau: Na ja, Mama meint, auch dir wird einmal eine Stutzi passieren.

Junger Mann (schluckt): Was? ... Mama kennt die Stutzi?!

Junge Frau: Wie, Friedrich? Was meinst denn jetzt wieder?

Junger Mann: Nein, gar nichts, mein Kind, ... ich muss mich wohl verhört haben, ... ich hab' geglaubt, die Mama muss sich irgendwo abstutzi..., stützen, ... abstützen, weil ihr vielleicht wegen der Hitze etwas unwohl geworden ist.

Junge Frau: Nein, nein Friedrich. Keine Sorge. Mit der Mama ist alles in Ordnung. Gell, Mama?

Mutter: Aber freilich. – Ja, schon der Kaiser hatte sein Gspusi ...

Junge Frau: Was willst uns damit sagen, Mama?

Junger Mann: Ja, das tät' mich jetzt auch interessieren ... so ganz rein aus Interesse halt ...

Mutter: Nix, nix, meine Kinder. Genießt den Augenblick! Das Leben ist ohnehin viel zu kurz ...

Junger Mann: Da fallt mir ein, ich muss ja noch zum Graf Corti. Entschuldigt mich, meine Lieben, wir sehen uns dann beim Diner. *(Gibt beiden einen Handkuss und geht ab.)*

Mutter: Der gute Friedrich ist immer so spontan.

Junge Frau: Ja, manches an ihm versteh' ich auch noch immer nicht.

Mutter: Weißt du, mein Kind, das liegt daran, dass Männer und Frauen einfach nicht zusammenpassen.

(Der folgende Text kann mit der Melodie von Cat Stevens' »Father and Son« nachgesungen werden.)
Mutter:
Ich erzähl' dir jetzt mal was,

wo die Liebe hinfällt, wächst kein Gras,
du bist jung, ich weiß eh,
wenn ich in deine Augen seh'.
Wenn du willst, find' an Mann,
aber schau ihn dir gut an,
was er verdient, aber sei net romantisch.
Ich hab' auch mal so gedacht, und ich weiß,
dass du's net leicht hast,
die Uhr tickt und alle sag'n, du brauchst an Mann.
Doch schau dich an, denk doch nach,
warte auf den ersten Krach!
Wenn deine ersten Träume platzen,
wirst's verpatzen.

Junge Frau:
Schau, wie soll ich's dir erklär'n,
wenn du mir net amal zuhörst?
Es ist echt immer des alte, alte Lied!
Im Moment, wo ich ihn g'seh'n hab', hab' ich g'wusst,
du, der is' es!
Er hält zu mir, und ich weiß, dieser Mann gehört zu mir.
Ich weiß, dass er mich liebt.

Mutter:
Ist ja gut, aber denk nach,
Realistik war noch nie dein Fach,
er ist ein Mann, das ist wahr,
und ein Mann lügt, das ist klar.
Test' es aus, kontrollier',
wenn er will, bleibt er bei dir,
und wenn nicht – schau mich an, ich bin allein.

Junge Frau:
Ich hab' schon so oft geweint, ich hab' alles
reingefressen.

Liebe tut weh, doch noch mehr, wenn sie fehlt.
Falls du recht hast, dann für dich – aber nur aus deiner
Sicht!
Ich bin nicht du, ich bin ich, und ich weiß, ich seh' das
Licht.
Ich seh' der Liebe Licht!

(Junge Frau mit Ende des Liedes ab.)
Mutter (zu Publikum): Was ist es eigentlich, was Beziehungen so kompliziert macht? *(Pause.)* – Die Männer behaupten Frauen und die Frauen Männer! *(Ab.)*

RODELN UND ROTUNDE

HARALD HAVAS

Wien hat, wie wohl viele andere alte Großstädte der Welt auch, eine konservatorische, also bewahrende Eigenschaft. Was durchaus ein sehr löblicher Zug ist, wenn das bedeutet, alte Baudenkmäler und Grünflächen nicht zu opfern. Bei uns wird das sogar konsequenter durchgeführt als an vielen anderen Orten der Welt. Wenn es um Sitten und Bräuche geht, kann das durchaus auch was Liebenswertes mit der Tendenz zum Skurrilen haben. Wenn es aber in den sprachlichen Bereich, auf Orte und Dinge bezogen, geht, kann es rasch wirklich seltsam und antiquiert anmuten.

Oft betreffen diese Dinge – sprachlich wie örtlich – bei uns die Kaiserzeit. Hier muss man aber ein Auge zudrücken. Die Monarchie ist schließlich noch keine hundert Jahre abgeschafft! Ohne exaktes Wissen um die Zukunft kann man also durchaus noch von einem möglichen, wenn auch ausgedehnten Interregnum sprechen. Man weiß ja nie. Richtig veraltet wirken Dinge und vor allem Namen und Bezeichnungen aber meistens dann, wenn sie noch vor einem überschaubaren Zeitrahmen, also bis vor ein paar Jahrzehnten bis plus minus ein Jahrhundert, aktuell und gebräuchlich waren, und heute völlig überholt sind. Im Allgemeinsprachlichen wären das etwa Begriffe wie »wilde Ehe«, »fernmündlich« oder auch »Haftschalen«.

Die ältesten obsoleten örtlichen Begriffe finden sich natürlich in Straßennamen, welche oft Dinge und Orte bezeichnen, die es schon lange nicht mehr gibt. Etwa die Hetzgasse im dritten Bezirk, die auf das früher hier untergebrachte »Tierhetz-Theater« verweist, eine Art Kolosseum für Bello & Co. Oder der Name des Stadtteils Kaisermühlen, der sich auf die früher zahlreich anzutreffenden Schiffsmühlen auf dem damals noch fließenden Donauarm namens Kaiserwasser bezieht. Nun, solche historisierende Bezeichnungen gibt es in jedem Bezirk zuhauf, eigentlich in praktisch jeder Stadt und jedem Dorf. Sie sind zwar oft recht lehrreich und auch originell, aber dann doch wieder sehr altbacken oder – bei aller Wertschätzung dieser Institutionen – ein wenig bezirksmuseumshaft.

Ein Grenzfall in alle Richtungen stellt in diesem Zusammenhang jedoch die Rotunde dar. Denn nicht nur, dass gleich zwei Straßennamen (Rotundenallee und Rotundenplatz), sondern auch noch die Rotundenbrücke und die Haltestelle »Rotunde« der Liliputbahn auf einen Bau verweisen, der schlicht und ergreifend nicht mehr da ist; die Geschichte der einst spektakulären Rotunde selbst und ihres Brandes, eine der legendären Brandkatastrophen der Stadt, ist auch recht spannend. Hier ein paar besonders schmackhafte Details.

Die Rotunde war ursprünglich ein 1873 für die damalige Weltausstellung in Wien errichteter Rundbau mit 108 Metern Durchmesser und 84 Metern Kuppelhöhe. Sie war als Treffpunkt, als Ausstellungsfläche und als Ort für offizielle Anlässe geplant und wurde so schließlich auch eingesetzt.

Allerdings wurde sie, man kennt das, zum Zeitpunkt der Eröffnung nicht fertig. Da halfen auch der Triumphbogen am Eingang – inklusive Kaisermotto »Viribus unitis« – und die über allem, nun, thronende Kaiserkrone auf der Dachspitze wenig. Außerdem ließ damals anhaltendes Schlechtwetter mit schweren Regenfällen und der gleichzeitige internationale Börsenkrach die ganze Weltausstellung sowieso mehr oder weniger ins Wasser fallen. Das Defizit war so enorm, dass – Ironie des Schicksals – nicht genug Geld da war, um die Rotunde wie geplant wieder abzureißen. Also blieb sie einfach stehen und wurde anfangs als Lager genutzt. Nach ein paar Jahren des stiefmütterlichen Daseins dann aber doch langsam auch wieder für Ausstellungen. Später für militärische Zwecke, dann wieder für Ausstellungen und schließlich als Messezentrum. Und wurde dabei – wie in Wien üblich – von einem zuerst ungeliebten Überbleibsel (sie wurde etwa in zeitgenössischen Karikaturen mit einem Reifrock verglichen) zu einem geliebten Wahrzeichen. Besonders, als sie nach 64 Jahren Dienst 1937 plötzlich und spektakulär abbrannte. Und nur noch ihren Namen hinterließ. Ja, erst 1937, auch wenn heutige Wiener mit dem Namen Rotunde eher etwas lang Vergangenes aus der Kaiserzeit assoziieren.

Übrigens entzündete sie bei ihrem Einsturz via Funkenflug auch noch ausgerechnet die Feuerwache im Prater. Dieser Märtyrertod verhalf ihr endgültig zu ewigem Ruhm. Denn, wie heißt es doch so schön: »In Wien musst erst tot sein, damit man dich hochleben lässt. Aber dann lebst lang.«

Entlang der Rotundenallee befindet sich unter anderem auch die Jesuitenwiese. Und die weist eine alpine Besonderheit auf, die man an dieser Stelle nun nicht gerade erwarten würde. Doch der Reihe nach.

Wien ist eine Stadt in den Alpen. Das ist zwar nicht ganz wahr, aber fast. Denn immerhin sind die Berge des Wienerwalds tatsächlich die letzten Ausläufer der Ostalpen. Und wären da nicht noch ein paar lästige Hügel im Burgenland, die geografisch noch weiter in den Osten ragen, könnte man schöne Dinge sagen, wie Wien sei der Anfang der Alpen. Oder das Ende, je nachdem.

Jedenfalls gibt es auch in Wien Berge. Und zwar nicht nur welche, die einfach so heißen, wie der Bisamberg oder der Laaer Berg, sondern auch echte. Denn der höchste Gipfel innerhalb der Grenzen von Wien, der Hermannskogel, erreicht immerhin eine Höhe von 542 Metern. Das ist in anderen Ländern wie Luxemburg schon Hochgebirge. (Damit Sie nicht nachschauen müssen: der höchste Berg Luxemburgs ist der Mont Saint-Nicolas mit einer Höhe von 470 Metern.)

Jedenfalls sind Wien und Wintersport auch über diverse Eislaufmöglichkeiten hinaus kein Gegensatz. So gibt es über 80 regelmäßig genutzte, offizielle Rodelwiesen in Wien. Was ja nicht so schwer ist, denn: schräge Hanglage plus Schnee ist gleich Rodeln. Diese simple Rechnung gilt wohl für Kinder auf der ganzen Welt. Die Strecke kann, was inoffizielle Rodelhügel betrifft, gar nicht zu kurz sein. Im Zweifelsfall genügt ein beschneiter Sandhaufen einer Baustelle.

Ein klein wenig höher, wenn auch nicht viel, ist die Rodelstrecke auf der Jesuitenwiese. An kalten Wintertagen stürzen sich hier kleine Bewohner des zweiten und dritten Bezirkes mutig auf allem was rutscht – von Superrodeln bis Plastiksackerln – in die Tiefe. Unten gibt's in der Hauptsaison sogar einen Imbissstand mit warmem Tee und Gratis-Material und -Snacks für sozial benachteiligte Kinder.

Weil der Prater nun aber nicht gerade zu den schneesichersten Gebieten Wiens gehört, existiert auf der Jesuitenwiese neben einer Flutlichtanlage (!) auch eine Beschneiungsanlage (!). Ist die Temperatur tief genug, wird künstlich beschneit. Und damit das Zeug auch hält, steht auf dem Berg unter einem Schutzgitter eine veritable Schneeraupe. Viel Aufwand für 50 Meter? Die Kinder der Gegend sind dafür ausgesprochen dankbar.

Und um der Wahrheit die Ehre zu geben: die Schneeraupe dient nicht nur der Ultrakurzrodelbahn, sondern wird im ganzen Prater eingesetzt, etwa zur Pflege der ihn bei entsprechender Schneelage durchziehenden Langlaufloipen. Denn auch die gibt's tatsächlich im winterlichen Grünen Prater.

Herrschaft & Dienerschaft

MANUEL GIRISCH & RENATE WOLTRON

DIENSTMÄDCHEN UND FEINE DAME (2012)

(Die Szene spielt um 1900. Die etwas ältere feine Dame spricht mit »Schönbrunner Akzent«.)

Feine Dame: Fräulein Mitzi! Mitzi! Mitzi! Wo treibt sich die denn schon wieder herum?! Mitzi!

Dienstmädchen (eilt herein): Ja, gnädige Frau?

Feine Dame: Wo treiben Sie sich denn schon wieder herum? Haben S' schon wieder nur Nachbarsburschen im Kopf?! Wenn ich rufe, haben Sie augenblicklich zu erscheinen!

Dienstmädchen: Ja, gnädige Frau, aber das Haus ist so groß, das kann schon dauern, wenn ich …

Feine Dame: Ja, ja, ist schon gut. Haben Sie dem Chauffeur gesagt, dass ich heute um 15 Uhr los muss?

Dienstmädchen: Ja, gnädige Frau, aber er hat gemeint …

Feine Dame: Er hat nichts zu meinen! Ich bezahl' ihn schließlich – und das nicht schlecht.

Dienstmädchen: Aber er hat doch gemeint …

Feine Dame: Ein Dienstbote hat nicht zu meinen, sondern zu gehorchen!

Dienstmädchen (wirft ganz schnell ein): ... zu spät ...

Feine Dame (erschrickt): Was, zu spät?

Dienstmädchen (schnell): Er hat gemeint, wenn Sie erst um 15 Uhr fahren, kommen Sie zu spät, weil man länger dorthin braucht.

Feine Dame: Ach so. Na ja, wenn das so ist, dann sagen Sie ihm, wir fahren schon um halb drei.

Dienstmädchen: Ja, gnädige Frau. *(Will ab.)*

Feine Dame: Moment ... nicht so schnell, Fräulein Mitzi. Wo wollen Sie denn hin?

Dienstmädchen: Ich will dem Chauffeur sagen ...

Feine Dame: Das hat ja noch Zeit. Vorher lesen Sie mir noch aus dem Buch vor. Meine Augen brennen heute so.

Dienstmädchen: Ich muss aber noch mit der Köchin ...

Feine Dame: Sie müssen nur das tun, was ich Ihnen sage.

Dienstmädchen: Ja, gnädige Frau. *(Nimmt das Buch und will zu lesen beginnen.)*

Feine Dame: Haben Sie heute schon die Blumen im Speisezimmer gegossen? Wir kriegen morgen Gäste.

Dienstmädchen: Ja, gnädige Frau.

Feine Dame: Gut. Dann bitte.

(Das Dienstmädchen will zu lesen beginnen.)

Feine Dame (deutet zum Fenster): Sagen Sie, was ist denn mit dem Vorhang da? Der hängt ja ganz schief. Richten S' den zuerst gerade. Ich bin ja eine Ästhetin, ich mag keine Unregelmäßigkeiten.

(Das Dienstmädchen geht zum Vorhang und richtet ihn gerade, will dann lesen.)

Feine Dame: Ich habe übrigens bemerkt, dass im Nachbarsgarten jetzt immer ein neuer Mensch herumstreift. Wissen Sie, wer das ist?

Dienstmädchen: Nein, gnädige Frau.

Feine Dame: Dann finden Sie's heraus! Fragen Sie – diskret, versteht sich – die Dienstboten von drüben. Ich mag das nämlich gar nicht, wenn sich so zwielichtige Gestalten in meiner Gegend herumtreiben.

Dienstmädchen: Ja, gnädige Frau. *(Will ab.)*

Feine Dame: Wo wollen Sie denn hin?

Dienstmädchen: Nebenan fragen.

Feine Dame: Aber doch nicht sofort, Sie dummes Ding. Setzen Sie sich wieder und lesen Sie endlich vor!

Dienstmädchen: Ja, gnädige Frau.

Feine Dame: Aber zuerst geben Sie mir doch noch den Schal, mir ist etwas kühl.

(Das Dienstmädchen steht auf, holt den Schal und setzt sich wieder, will dann zu lesen beginnen.)

Feine Dame: So, und jetzt lassen S' mich etwas ausruhen, ich habe am Nachmittag einen wichtigen Termin in der Stadt.

Dienstmädchen (schaut verwundert, steht auf und geht ab; zum Publikum): Seit fünf Jahren soll ich ihr vorlesen, und es kommt nie dazu. Und darüber bin ich so froh, weil ich nämlich gar nicht lesen kann.

CHAUFFEUR UND FEINE DAME (2013)

(Die Szene spielt um 1900. Die etwas ältere feine Dame spricht mit »Schönbrunner Akzent«.)

Feine Dame (geht ungeduldig hin und her): Wo bleibt er denn? Er sollte doch schon längst da sein. *(Läutet eine Glocke, schaut sich im Raum um.)* Ja, ich hab' alles. *(Richtet ihre Tasche, zupft an den Handschuhen.)*

Das gibt's doch nicht! *(Geht zum Fenster und schaut raus.)* Das Auto steht ja schon vorne! Also … *(Läutet stürmisch mit der Glocke.)*

Chauffeur (abgehetzt, erscheint): Gnädige Frau!

Feine Dame: Na endlich, wo war er denn so lang?

Chauffeur: Ich …

Feine Dame (unterbricht ihn): Verspätungen kann ich gar nicht leiden, das weiß er doch!

Chauffeur: Gnädige Frau, ich …

Feine Dame (unterbricht ihn): Was?

Chauffeur: Ich möchte mich entschuldigen.

Feine Dame: Das ist ja wohl das Mindeste! Und jetzt nimmt er die Tasche, und wir fahren.

Chauffeur: Gnädige Frau, ich …

Feine Dame (unterbricht ihn): Das wird er doch schaffen. Ist ja nicht so schwer.

Chauffeur: Ja, aber, gnädige Frau, ich …

Feine Dame (unterbricht ihn): Halte er uns jetzt nicht auf, wir kommen ohnehin schon zu spät.

Chauffeur: Ja, aber, gnädige Frau, ich muss Ihnen etwas mitteilen.

Feine Dame: Ich glaub' nicht, dass wir dafür jetzt Zeit haben. Die Herrschaften in der Stadt warten auf uns.

Chauffeur: Ja, darum geht es ja.

Feine Dame: Na eben, also Tempo … los, los!

Chauffeur: Nein!!!

Feine Dame: Nein?! Er widerspricht? Was sind denn das für neumodische Sitten?

Chauffeur: Ich widerspreche ja gar nicht, aber ich …

Feine Dame (unterbricht ihn): Na, dann ist es ja gut. Also …

Chauffeur: Es macht keinen Sinn!

Feine Dame: Es mag schon sein, dass es für ihn keinen Sinn macht, er soll mich auch nur fahren.

Chauffeur: Nein!!!

Feine Dame: Nein?! Schon wieder! Also ... noch ein Nein und er war hier einmal Chauffeur.

Chauffeur (verzweifelt): Ja ...

Feine Dame: Gut so, also, fahren wir dann endlich?!

Chauffeur (schnell, laut): Abgesagt!

Feine Dame: Abgesagt? Was abgesagt?

Chauffeur (schnell): Termin!

Feine Dame: Was Termin?

Chauffeur (schnell): Stadt!

Feine Dame: Du meine Güte, wenn alle meine Bediensteten so kompliziert wären wie er ... Er spricht ja in »Fragmenturen«.

Chauffeur: Aber es ist doch ganz einfach, gnädige Frau!

Feine Dame: Also?

Chauffeur (schnell): Der Termin in der Stadt ist abgesagt. Es war soeben ein Bote da mit einer Nachricht. Die Herrschaften müssen den Termin verschieben.

Feine Dame (gutmütig): Aber warum sagt er das denn nicht gleich? Dann kann ich mein Nachmittagsschläfchen halten. Wie wunderbar! *(Im Abgehen)* Er kann gehen!

Chauffeur: Da fragt man sich aber schon, wer kompliziert ist!

DIENERSCHAFT (2013)

Dienstmädchen (mit Staubwedel): Die Alte ist gerade in ihr Schlafzimmer abgerauscht, die sehen wir frühestens in drei Stunden wieder. Dieses alte Biest! *(Setzt sich, streckt alle Viere von sich, entspannt.)*

Diener: Ihren ersten Mann nannte sie Dino. – Weil er einer war. *(Beide lachen!)*

Dienstmädchen: Ihre ersten Tanzstunden sind auf Höhlenwänden in Frankreich verewigt. *(Beide lachen!)*

Diener: Ihr erstes Weihnachten WAR das erste Weihnachten. *(Beide lachen!)*

Dienstmädchen: Und ihr erstes Auto war ein Streitwagen. *(Beide lachen!)*

Diener: Und weißt du, was ihr Geburtsstein ist?

Dienstmädchen: No?

Diener: Lava. *(Beide lachen!)* Sie ist so eine alte vertrottelte Schabracke. Manchmal reicht's mir so, dass ich sie erwürgen könnt'! Ich meine, ich habe doch Gefühle, ich bin auch verletzbar.

Dienstmädchen: Was? Nach so langer Zeit immer noch?

Diener: Planet »Nerd« zieht durch die »Freak-Straße«.

Dienstmädchen: Du klingst wie ein geisteskranker Mörder.

Diener (tritt hinter das Dienstmädchen und beginnt, ihre Schultern zu massieren): Ich bin für Revolution.

Dienstmädchen: Du? Du hast so viel Rückgrat wie ein Gummibärchen.

Diener: Lieber nicht müssen und auf dem Klo sein, als müssen und nicht auf dem Klo sein.

Dienstmädchen: Weise! Hast du einen Kaffee getrunken und im Sud gelesen?

Diener: Vielleicht. Und ich sag's nochmal – Revolution!

Dienstmädchen: Ich auch, aber wer von den Feiglingen da draußen macht denn mit?! Es denkt doch jeder nur an sich selbst und seine kleine Welt.

Diener: Und ihre!

Dienstmädchen: Was »ihre«?

Diener: Ja, weiblich – genderkonform.

Dienstmädchen: Ach so, ja eh. Aber ich bin emanzipiert!

Diener: Weißt was, lass uns abhauen. In die Welt hinaus.

Dienstmädchen: Ich glaub' aber nicht, dass es dort im Grunde besser ist. Schau dir doch das Elend an. Überall Armut, Leid, Krieg, Hunger, idiotische Politik.

Diener: Geh, hör auf, die Alte hat mir den Tag eh schon gehörig verdorben.

Dienstmädchen: Ich bin halt ein sehr kritischer Mensch.

Diener: Die meisten Menschen wollen aber lieber durch Lob ruiniert als durch Kritik gerettet werden. Und die Kritik an anderen hat noch keinem die eigene Leistung erspart.

Dienstmädchen: Ich will aber nichts mehr leisten. Ich will Spaß haben und leben!

Diener: Dazu sind wir in die falsche Welt hineingeboren. Wir gehören nicht zu den Reichen und Schönen.

Dienstmädchen: Dann lass uns wenigstens davon träumen!

Diener: Wo willst du dich denn hinträumen? Vielleicht auf einen Karibikstrand – Sonne, Sand, Meer!

Dienstmädchen: Na, die Hitze mag ich nicht so sehr.

Diener: Vielleicht wäre das Nordkap das Richtige für dich – prächtige Schneelandschaften!

Dienstmädchen: Viel zu kalt!

Diener: Was hüpft durch den Schnee und ist schwarz-weiß? – Ein Springuin!

Dienstmädchen: Ich glaub', die Alte ist ansteckend!

Diener: Also – wo willst du hin?

Dienstmädchen: In den Wald!

Diener: Bist du narrisch?

Dienstmädchen: Nein … ich nicht!

PRATER HORIZONTAL

HARALD HAVAS

Ja, auch in Wien hat man (und frau) Sex. Und wie wohl überall auf der Welt gibt es natürlich auch in Wien zahlreiche Merkwürdigkeiten rund um diese grundlegende menschliche Tätigkeit. Die meisten davon sind, wenn außerhalb der verschwiegenen ehelichen, verpartnerten oder one-night-standischen Türen stattfindend, wie könnte es anders sein, im Bereich des sogenannten horizontalen Gewerbes angesiedelt. Aber dann doch auch wieder nicht alle. Einige davon befanden sich traditionellerweise im und um den Prater. Generell gilt Wien als freizügiges Pflaster, was das Geschlechtliche betrifft. Es steht im internationalen Ruf zwar etwas hinter Paris, aber bei näherer Betrachtung hat es seinen Ruf als Stadt der »süßen Wiener Madeln« – am besten zu übersetzen mit »nicht gerade sehr prüden Damen« – durchaus verdient. Offiziell war Wien (und Österreich) zwar auch im sexuellen Bereich immer wieder stark reglementiert, etwa unter so manchem besonders katholischen Habsburger. Berühmt-berüchtigt sind hier die sogenannten »Temeswarer Wasserschübe«, bei denen unter Maria Theresia zwei Mal jährlich Prostituierte (»liederliche Weibspersonen«) zusammen mit anderen »Asozialen« wie Landstreichern, Wilderern, Schmugglern und aufsässigen Bauern zu Hunderten auf Schiffen die Donau hinunter in den Banat deportiert wurden, um dort das Land für die kaiserliche Krone zu »kolonisieren«. Neben freiwilligen Ansiedlern gehören sie zu den Vorfahren der heutigen Donauschwaben.

Aber da bei uns selten etwas so heiß gegessen wird wie gekocht, blühte das unzüchtige Leben eigentlich immer – mal offener, mal mehr im Verborgenen. Dieser Zwiespalt besteht in gewisser Weise bis heute, auch in der Gesetzgebung. So ist Prostitution zwar erlaubt, Puffs und Bordelle sind aber verboten. Dass es sie dennoch gibt, egal, ob als »Laufhäuser« oder »FKK-Sauna« (eines meiner Lieblings-Nonsens-Wörter, wer – außer vielleicht russischen Touristen – geht schon bekleidet in die Sauna?) bezeichnet, liegt daran, dass die Damen (und seltener die Herren) darin selbstständig erwerbstätige UnternehmerInnen sind. Natürlich zahlen sie an den Besitzer Miete, aber wäre der ihr Arbeitgeber, wäre das als Kuppelei strafbar. Ebenso ist Prostitution in Wohnhäusern und Wohnungen im Prinzip erlaubt – aber nur, wenn sie über einen separaten Hauseingang verfügen. Daher findet man überall in Wien, vermehrt in Außenbezirken, aber nicht nur dort, sehr häufig rot lackierte Gassenlokale nur mit Nummern als Aufschrift. Manchmal mit leuchtenden Herzchen verziert und manchmal mit dem Versprechen auf »Ganzkörpermassage«. Nun gut. Einer der Hotspots in Sachen »Horizontales Gewerbe« war und ist natürlich der Prater. Besonders die negativeren Aspekte dieser nicht immer freiwillig ausgeübten beruflichen Tätigkeit, wie Baby- und Drogenstrich, fanden und finden sich in dessen Umfeld. Als Erinnerung an die Zeiten, in denen der Wurstelprater nicht notwendigerweise eine kindertaugliche Familienentertainmentzone war – wie heute etwa der neue Eingangsbereich suggeriert –, aber je mehr man über diesen schweigt, desto besser (siehe auch Beitrag »Im Wilden Süden« im 6. Teil).

So gab es im Reich der Praterfeen noch bis in die letzten Jahrzehnte des 20. Jahrhunderts durchaus im Zentrum der Belustigungen einige augenfällig einschlägige Orte. Besonders deutlich zeigte sich dieses harmonische Nebeneinander von Laster und harmlosen Vergnügungen in den zwei direkt im Wurstelprater angesiedelten Pornokinos. Denn die Filme liefen dort nur abends für einschlägige Besucher und untertags wurde in ihnen, ja, so ist Wien, der Kasperl für ein deutlich jüngeres Publikum aufgeführt. Auf der einen Seite der Eingänge waren daher immer bunte Kasperl-Plakate zu sehen – und auf der anderen mehr oder weniger explizite oder zensierte Vorschaubilder solcher Filmklassiker wie »Gejodelt wird im Unterhöschen«. Auch der heutige Praterkasperl residiert in einem der ehemaligen Pornokinos.

Neben den Film(lust)spielen gab es auch noch ein Striptease-Etablissement, direkt an der Hauptstraße des Vergnügungsparks gelegen, wo sich die Damen bereits auf einer Bühne vor dem Betrieb öffentlich teilentkleideten (was etwa den Autor dieses Beitrags in zartem Alter durchaus erfreute), um die vorbeigehenden Herren für das Fallenlassen der restlichen Hüllen in die Bude selbst zu locken. Später wurden diese Institutionen durch modernere Formen wie Peepshows und Pornofilmkabinen in »Über-18-Bereichen« der Automatensalons ersetzt und bis in die 1990er-Jahre hinein betrieben.

Eine andere, allerdings nur scheinbar einschlägige Institution des Wiener Praters war das gleich neben dem Striptease-Tempel angesiedelte »Sexmuseum«, dessen marktschreierische Tonbandstimme, die schier Unglaubliches verhieß, man bis in die 80er-Jahre hinein vernehmen konnte. Tatsächlich war das Sexmuseum eher ein Museum seiner selbst: das letzte Überbleibsel der alten Gattung »Panoptikum« oder »Kuriositätenkammer«. Denn im ursprünglich »Panopticum und Menschenmuseum« benannten Etablissement des Hermann Präuscher war nicht viel von Sex zu finden. Vielmehr lag der Fokus auf anatomischen Exponaten wie verwachsenen Embryonen in Reagenzgläsern, Fotos von menschlichen Freaks ... und Dingen, die irgendwie schon ein bissi mit Sex zu tun hatten. Wie afrikanische Penisringe oder harmlose historische Sexfilmchen, anzusehen in ebenso historischen Münzautomaten. Ein Teil der »Curiositäten-Sammlung« befindet sich heute im Narrenturm im »Pathologisch-anatomischen Bundesmuseum«. (Wo übrigens auch einige der »tierischen und menschlichen Feuchtpräparate« des ehemaligen »Elektro-pathologischen Museums« zu finden sind, das früher im Volksmund besser bekannt war als das »Museum für Stromtote und Wasserleichen.«)

Übrigens taten und tun die Behörden des zweiten Bezirks schon seit Jahren alles, um das ehemalige schmuddelige Image des Paters komplett zu tilgen und daraus ein rein familienfreundliches Areal zu machen. So wurde nicht nur alles Einschlägige aus dem Prater selbst verbannt, sondern auch das Umfeld wurde aufgeräumt. Ganz besonders betraf das den direkt gegenüber der Ausstellungsstraße gelegenen Bereich namens Stuwerviertel. Dort grassierte jede Art von

Straßenprostitution, besonders die illegale. Die Freier cruisen meist mit ihrem Auto durch die Blocks, auf der Suche nach den an den Straßenecken postierten Damen und sehr jungen Mädchen. Diesen Zustand beendete die Wiener Politik mit einem überraschend einfachen, aber nicht minder effektiven Trick: durch teilweise Straßensperren und einem Einbahnsystem, das nur mehr eine direkte Ein- und Ausfahrt in und aus dem Viertel, aber keine Durchfahrt gestattet, ist es mit dem Windowshopping vorbei. Laster (und Kleinwagen) ausgetrickst durch gerissene Verkehrsplanung. Zwar gibt es dort noch immer Prostitution, aber hauptsächlich in offiziellen Bars und Studios. Die haben zwar nicht besonders viel Flair, aber man kann sie mit einem gewissen Recht als die letzten Überbleibsel eines Stücks der ehemaligen Praterkultur betrachten.

Zuagraste

RENATE WOLTRON & MANUEL GIRISCH

DAS AMERIKANISCHE
PÄRCHEN (2004)

(Ein amerikanisches Pärchen mit amerikanischem Akzent und ein Bergfex in Lederhosen, Steirerjacke und Steirerhut als Objekt der Begierde treffen im Prater aufeinander.)

Amerikanerin: Mein Lieber, wo sind wir denn hier hineingeraten. Mir ist, als wären wir unter lauter Außerirdischen. Hier schaut es ja aus wie auf einer Star-Trek-Convention. Lauter komisch angezogene Männchen und alle blau.

Amerikaner: Ja, das ist Europa, meine Liebe. Die nennen das hier Fun-Park.

Amerikanerin: Wo sind wir hier? Schaut aus wie am Set von Star Wars.

Amerikaner: Nein, nein, das ist nur der weltbekannte Prater.

Amerikanerin: Was soll denn das heißen?

Amerikaner (liest im Reiseführer): Da steht: Die einen spekulieren, dass der Name Prater von »Pratum«, was auf Lateinisch »Wiese« bedeutet, käme, andere meinen, eine Verbindung der Habsburger zu den Spaniern zu sehen, und der Name käme vom spanischen Garten Prado in Madrid. Aber eigentlich kommt der Name vom Wort

Bratenspieß, weil das hier einmal eine Insel war, die so ausgesehen hat.

Amerikanerin: Und wie lange gibt es dieses Ding aus Volksvergnügung, Action, Menschenmassen, Wald und Wiesen schon?

Amerikaner: Da steht, dass der Prater seit 1162 urkundlich nachgewiesen ist. Kaiser Maximilian II. schuf 1560 ein ausgedehntes Jagdgebiet und ließ dieses umzäunen. Damals war der Eintritt in den Prater an eine spezielle Erlaubnis gebunden, die nur in Ausnahmefällen und auch nur an geschlossene Kutschen und Reiter erteilt wurde. Aus- bzw. Absteigen war verboten. Kaiser Josef II. öffnete 1766 weite Teile des Geländes zur allgemeinen Benützung, und bald begann die Ansiedelung von Wirtshäusern und einfachen Vergnügungsstätten wie Kegelbahnen, Ringelspielen und Schaukeln.

Amerikanerin: Das sollte der jetzige Kaiser wieder ändern! Am besten eine Mauer um das ganze Gelände ziehen und einen Vergnügungspark daraus machen, wie wir sie bei uns in den USA haben. Mit speziellen Sittenwächtern und Alkoholverbot.

Amerikaner: Steht das nicht eh am Regierungsplan unseres auf der ganzen Welt beliebten Präsidenten?

Amerikanerin: Nein, es steht im Regierungsprogramm von George W. Bush.

Bergfex (tritt auf, mit Dialekt zum Publikum): A so ein Blödsinn. Dass sich die Amerikaner immer so aufspielen müssen. Als der liebe Gott die Menschen geschaffen hat, sind sie am Himmel in einer riesig langen Schlange gestanden, um ihre »Ausstattung« zu erhalten. Da hat plötzlich der Petrus zum Herrgott gesagt: »Fix, jetzt san die Gehirne aus ...« Und der Herrgott hat g'sagt: »Macht nix, ab jetzt kommen nur noch Amerikaner.«

Amerikanerin: Schau, mein Lieber. Da drüben – was für ein komischer Kerl!

Amerikaner: Ein österreichisches Kuriosum. Wie der Basilisk, nur net ganz so schiach.

Amerikanerin: Na ja. – Apropos: Du hast mir ja noch gar nichts zum Hochzeitstag geschenkt.

Amerikaner: Kleine Geschenke erhalten die Freundschaft. – Was meinst du, meine Liebe?

Amerikanerin: Wir könnten doch diesen Menschen mitnehmen nach California.

Amerikaner: Und was sollen wir mit ihm tun?

Amerikanerin: Na ja, ich könnte einen neuen Fitnesstrainer brauchen.

Amerikaner: Ja! – Aber nein, meine Liebe. – Aber sag', bemerkst du nicht irgendeine Ähnlichkeit? Ich meine, hat er nicht irgendetwas von einem Raubmörder an sich?

Amerikanerin: Der, mit seinen ehrlichen Augen?

Amerikaner: Der Schein trügt, sag' ich dir. Glaub' mir.

Amerikanerin: Nein, nein, wir nehmen ihn mit. Du weißt doch, dass es bei uns in California gerade ganz in ist, einen ländlichen Typen zu besitzen.

Amerikaner: Du hast recht, und einer der hiesigen Eingeborenen ist sogar Gouverneur bei uns. Wir werden von den höchsten Kreisen eingeladen werden! Weißt du noch, als der Bush dem Schwarzenegger gratuliert hat, hat ihn am meisten beeindruckt, dass er nicht nur die Wahl gewonnen, sondern auch die meisten Stimmen bekommen hat.

Amerikanerin (zum Bergfex): Hello, guten Tag, ich bin reich und schön, und das ist mein Mann. Wollen Sie mit uns nach California kommen?

Bergfex: Warum nicht, charmante Dame. *(Zum Publikum)* In Amerika gibt's schon mehr Österreicher als bei uns. Das nennt man Anti-Amerikanisierung. Wer nie eine Zivilisation g'habt hat, holt sie sich von woanders. Fragt sich nur, ob ihnen das gefällt, was sie kriegen. *(Zur Amerikanerin)* Ob eigenes Vaterland oder fremdes spielt für mich gar keinen Unterschied. Ich werde Ihnen einen Amerikaner abgeben, dass Sie staunen werden!

BAUERNPÄRCHEN AUS DER STEIERMARK (2007)

(Ein älteres Bauernpärchen aus der Steiermark kommt nach zwei Jahren wieder in den Prater. Sie sprechen mit steirischem Dialekt.)

Bauer: Schau, hier ist es doch schön. Setzen wir uns da her.

Bäuerin: Sag' einmal, waren wir da nicht schon einmal?

Bauer: Ja, vor zwei Jahren, auch an unserem Hochzeitstag. Wie wir in der Pratersauna waren – weißt eh – mit dem warmen Wasser.

Bäuerin: Ah ja! Ach, ich bin schon so müde von dem vielen Herumlaufen.

Bauer: Und einen Hunger hab ich.

Bäuerin: Warum kommt denn da keiner?

Bauer: Wahrscheinlich ist Selbstbedienung.

Bäuerin: Ja, das könnte sein. Das reduziert die Personalkosten.

Bauer: Aber dabei geht halt leider etwas von dem Ambi... Atmos... verloren.

Bäuerin: Vom Drumherum halt.

Bauer: Ja, genau. Aber wenn doch wer kommt, dann pass auf, dass du net wieder so viel trinkst, weil der Alkohol macht ja so gleichgültig.

Bäuerin: Des is' mir doch wurscht.

Bauer: Mir is' alles ans.

Praterkellner (kommt): Bitteschön, womit kann ich dienen?

Bäuerin: Jö! Da brauch mas uns doch net söba moch'n.

Bauer: Selber holen, heißt das.

Bäuerin: Zwei Viertel Weißwein, bitte.

Bauer: Und einen Aschenbecher.

Praterkellner: Hier herrscht Rauchverbot.

Bauer: Gut, dann setzen wir uns an den Nebentisch.

Praterkellner: Dort auch.

Bauer: Und wo ist die Raucherzone?

Praterkellner: Hinter der EU-Grenze gleich links.

Bäuerin: Müssen Sie nicht im Lokal eine Raucherzone haben?

Praterkellner: Nur, wenn ich unter 75 cm groß bin.

Bauer: Aha. Na Gott sei Dank gibt's auch noch die Trunksucht.

Bäuerin: Gut, dann nur den Wein.

Praterkellner: Kommt sofort.

Bauer: Und zahlen, bitte!

Praterkellner: Vier, sieben, elf … *(Ab.)*

Bäuerin: Mein Gott, die Leute werden immer blöder.

Bauer: Kein Wunder, bei dem, was einem im Fernsehen und in so manchem Staatstheater vorgesetzt wird.

Bäuerin: Aber abkassiert hat er jetzt nicht!

TOURISTEN (2010)

(Eine ungarische Touristin und ein mexikanischer Tourist schlendern durch den Prater.)

Mexikaner: Hola, sag' einmal, magst du die Wiener eigentlich?

Ungarin: Ja, wir Ungarn und die Österreicher sind einander sehr verwandt, haben ja einmal zusammengehört.

Mexikaner: Wirklich?!

Ungarin: Igen. Ja, ja. Früher, als es die Monarchie noch gab. Ihr Mexikaner seid ja auch einmal von einem Österreicher regiert worden.

Mexikaner: Wirklich?!

Ungarin: Ja. Maximilian von Mexiko, den ihr dann ja auch umgebracht habt.

Mexikaner: Wirklich?!

Ungarin: War ein Bruder von Kaiser Franz Joseph. Und ihr Mexikaner demonstriert ja noch immer jedes Jahr, weil ihr Montezumas Federkrone zurückhaben wollt.

Mexikaner: Wirklich? Noch nie davon gehört.

Ungarin: Die ist hier im Völkerkundemuseum, obwohl sie eigentlich nach Mexiko gehört.

Mexikaner: Also andersrum.

Ungarin: Igen. Österreich-Ungarn war einmal eine sehr starke Macht. Aber jetzt gibt es ja nur mehr Amerika, das allen seinen Willen aufzwingt.

Mexikaner: Wirklich?!

Ungarin: Igen. – Du hast aber von Politik und Geschichte auch nicht wirklich viel Ahnung.

Mexikaner: Wirklich?!

Ungarin: Kennst du auch noch ein anderes deutsches Wort?

Mexikaner: Ja.

Ungarin: Was?

Mexikaner: Amor. Die Liebe macht mich an.

Ungarin: Die Macht der Liebe, heißt das.

Mexikaner: Ja, Liebe macht blöd!

Ungarin: Nincs – nein! Blind! Aber lass uns nicht wortklauben.

Mexikaner: Magst du mit mir auf eine Tortilla gehen?

Ungarin: Ich esse nur Gulasch.

Mexikaner: Und wo kriegt man das?

Ungarin: In einem echten ungarischen Restaurant.

Mexikaner: Kenn' ich keines.

Ungarin: Ich zeig's dir.

Mexikaner: Was zeigst du mir?

Ungarin: Den schwarzen Zigeuner.

(Beide ab.)

KEBAB VS. WÜRSTELSTAND (2013)

(UNGESPIELT!)

Würstelstandler: Würstel, haaße Würstel …

Kebab-Standler: Wurstel hab' ich auch!

Würstelstandler: Des haaßt Würstel!

Kebab-Standler: Ja.

Würstelstandler: Es gibt jo nix Vertraueneinflößenderes als an echten Wiener Würstelstand, der a a Truthahn-Döner-Kebab anbietet!

Kebab-Standler: Kebab? Mit allem, bissi scharf?

Würstelstandler: Bissi deppat, wos?

Kebab-Standler: Oder Wurstel? Hab' ich Kalb, Pute und spezial: Hammel!

Würstelstandler: Und wos is' mit Käsekrainer? Oda Waldviertler?

Kebab-Standler: Ja, Wald! Alles von Wald und Wiese – voll Bio! *(Spricht: Bier.)*

Würstelstandler: Stichwort Bier! Wos hast'n do fia ans do?

Kebab-Standler: Hab' ich Efes Pils!

Würstelstandler: Geh bitte! Net amal a Ottakringer?

Kebab-Standler: Und a Weitra!

Würstelstandler: Wos?

Kebab-Standler: Na, Weitra Bier! Aus Waldviertel! *(Grinst.)*

Würstelstandler: Sog, pflanzt du mi?!

Kebab-Standler: Ja, hab' ich Salat, Kraut, Tomate, Gurke! Alles Pflanze!

Würstelstandler: HEAST! – Ah, vagiss es! Wos hast du überhaupt fia an Senf?

Kebab-Standler: Nix Senf. Hab' ich Ketchup und scharfe Soße!

Würstelstandler: A Würstelstandla, der auf si hoit …

Kebab-Standler: Der was?

Würstelstandler: Auf si hoit – na, auf sich halten tun tut! Ja?

Kebab-Standler: Ich halten!

Würstelstandler: Jo, den Mund! Weu jetzt red' i. Oiso, als Würstelstandla von Welt – äh, von Wien, brauchst an Si-assn, an Schoarfn, von mia aus a Ketchup, a Mayonnaise und auf jed'n Fall an Curry. Fia de Currywurst!

Kebab-Standler: Curry! Ja, ist aus Indien!

Würstelstandler: Na, vom Spar!

Kebab-Standler: Ich nix spare bei meine Wurstel!

Würstelstandler: Des haaßt Würstel, du Wurschtel!

Kebab-Standler: Jo, und nächste Woche, meine Bruder machen auf neue Stand bei Rathausplatz, mit viele neue Wurstel!

Würstelstandler: DES HAASST – a wos, i steig' um auf Maroni ... *(Ab.)*

MINDERE ATTRAKTIONEN

HARALD HAVAS

Im und am Rande des Grünen Praters gibt es so einiges an Attraktionen und Besonderheiten, die denen im Wurstelprater keineswegs nachstehen – wenn man nur genau genug schaut.

So etwa der Gaswerksteg. In der Nähe der U3-Station Erdberg gelegen, führt eine Fußgängerbrücke quer über die Gleise des U-Bahn-Betriebsbahnhofes und weiter über die Ostautobahn und den Donaukanal direkt in den Grünen Prater.

Die Verlängerung über den Bahnhof erfolgte erst 1988, die Brücke über den Kanal wurden aber schon 90 Jahre früher errichtet. An sich diente der Steg, wie man aus dem Namen schon erahnen kann, ab 1898 in erster Linie als Rohrbrücke zur Gasversorgung des zweiten Bezirks vom Gaswerk Simmering aus. Aber schon damals plante man die zusätzliche

Nutzung als Fußgängerbrücke mit ein. Obwohl die Platten, die ihn dann auch nutzbar machten, erst um 1910 eingebaut wurden. 1945 wurde der Steg von der Wehrmacht gesprengt, später aber wieder aufgebaut und 1963 auch endgültig offiziell Gaswerksteg benannt.

Das Besondere an diesem Steg ist die Möglichkeit für Fans von Bahnen beziehungsweise U-Bahnen sowie auch marginaler interessierte Passanten und Kinder, das Geschehen in einem Betriebsbahnhof sozusagen von der ersten Reihe Loge aus zu beobachten. Etwa auch das unterirdische Verschwinden von Garnituren, auf denen irritierenderweise nicht U3 sondern U2 zu lesen steht. Denn hier, zwischen der U3 in Erdberg und der U2 (ganz genau zwischen den Stationen zwischen Donaumarina und Stadion), gibt es einen von mehreren in Wien anzutreffenden »U-Bahn-Geheimtunnel«. In diesem Fall führt er sogar unter dem Donaukanal durch! Hier werden von Erdberg aus, etwa bei großen Sportereignissen, weitere Garnituren »nachgeliefert«. Zu der Station Stadion, die deswegen auch als einzige in Wien DREI Bahnsteige zum Ein- und Aussteigen besitzt.

Der andere Nutzen des Gaswerkstegs ist natürlich die Möglichkeit der Querung eines sonst unüberwindlichen Hindernisses. So können etwa die heutigen Bewohner der ehemaligen »Gasometer« zu Fuß oder mit dem Rad recht schnell das Naherholungsgebiet Prater oder auch nur die beiden Donaukanalufer erreichen. Was sonst nur mit einem gehörigen Umweg möglich wäre. Und seit einem großen Umbau 2002 auch mittels einer bequemen, breiten, schneckenförmigen und somit nun ebenfalls rollstuhltauglichen Rampe. Auch für andere Bummler oder Spaziergänger bietet der Steg mit unmittelbarer Anbindung an die U3 einen recht kurzen Weg zum Prater – Höhe Lusthaus und Freudenau.

Außerdem hat man vom Steg aus einen recht guten Blick auf den Praterast der Südosttangente (dazu gleich mehr) und auf den dahinterliegenden – Atomreaktor.

Moment Mal. Atomreaktor? In Österreich gibt es keine Atomreaktoren, weil durch das legendäre Volksbegehren und das Atomsperrgesetz verboten. Richtig? Falsch! Denn Atomreaktoren zu wissenschaftlichen Versuchszwecken sind von dieser Sperre ausgenommen. Da mag manchem Seibersdorf im Ohr klingen. Richtig, dort stand ein Versuchsreaktor, der ist aber mittlerweile abgeschaltet. Ebenso der in Graz. Aber einen gibt es noch. Und zwar in Wien. Und zwar an der Kreuzung mehrerer stark befahrener Straßen.

Wer von der Parterbrücke auf der Südosttangente kommend zum Donaukanal Richtung Innenstadt abbiegen will, kennt diese lästige, immer rote, langsame Ampel, die dem Querverkehr auf der Schlachthausbrücke die Einfahrt zum Prater ermöglicht. Sollten Sie dort wieder einmal stauen, wenden Sie doch Ihren Blick nach rechts. Da steht in Spuckweite ein nicht weiter auffälliger, weiß-gelber Zweckbau mit der Adresse Stadionallee 2. Dieses ist, was jedoch kaum jemand weiß, das Atominstitut der österreichischen Universitäten.

Auf der anderen Seite des Gebäudes grenzen Schrebergärten, mit wohl so mancher Obst- und Gemüsezucht, an das Gelände. Dazwischen, nur wenige Dutzend Meter entfernt von Gartenzwergen und stauenden Autos, brütet und strahlt Österreichs einziger Atomreaktor vor sich hin. Aber, keine Sorge: er ist nur ein ganz ein kleiner und hört auf den Namen »TRIGA II VIENNA«. Gerade mal 200 Grad wird er heiß, also ein bissi mehr als Saunatemperatur, und gekühlt wird er mit Donauwasser. Ein »normaler« Reaktor wird viel, viel heißer, kein Wunder, bringt der auch eine Leistung, die um den Faktor 12.000 höher ist. Dennoch, auch hier in Wien werden Kerne gespalten und strahlender Abfall produziert. Der Reaktor ist an 220 Tagen des Jahres (radio)aktiv. Aber eben alles in kleinem Maßstab. Gerade mal 38 Gramm Uran verbraucht der Reaktor in vier Jahren – in einem normalen

Reaktor sind es viele Kilo Tag für Tag. Errichtet wurde die Anlage schon 1962 und dient seit damals nur der Forschung, etwa auf den Gebieten der Quantenmechanik, Quantenoptik (in denen Österreich durchaus international bedeutend mitspielt) und Materialforschung, nicht aber der Energiegewinnung. (Was bei der geringen Ausbeute auch kaum sinnvoll wäre.) Aber natürlich gibt es trotzdem strenge Sicherheitsvorkehrungen. Passieren kann so gut wie gar nix. Sagen die Forscher. Aber die werden's schon wissen. Dennoch gilt sein Standort mitten in Wien (Entfernung Stephansdom–Kernreaktor: ca. 3,2 km) durchaus als etwas Besonderes.

Man kann TRIGA II VIENNA übrigens auch besichtigen, bei öffentlichen Führungen, was pro Jahr an die 2.000 Personen, hauptsächlich Schülerinnen und Schüler machen.

Ach ja, und der Atommüll – der geht zur Endlagerung in die USA.

Noch ein Wort zur praterquerenden Südosttangente. Tag für Tag benutzen viele Tausend Menschen diese Wiener Stadtautobahn. Aber, so die scheinbar paradoxe Frage, befindet sich die Südosttangente wirklich IN Wien? Denn bei jeder in Wien gelegenen Autobahnauffahrt, und sei es mitten im Dritten, prangt deutlich sichtbar ein Verkehrszeichen mit »Ortsende Wien« (»Wien« rot durchgestrichen) darauf. Umgekehrt begrüßt mich etwa am Ende der Abfahrt St. Marx ein Ortsanfangs-Schild und teilt mir mit, dass ich mich ab sofort in Wien befinde. Welch' Überraschung!

Die logische Erklärung dahinter ist natürlich eine gesetzliche. In Wien darf man, wie in jedem Ortsgebiet Österreichs, nur 50 km/h schnell fahren. Auf der »Tangente« darf man aber bis 80 km/h Gas geben, wenn man keinen LKW fährt. Und damit man das darf, darf man sich logistisch eben nicht mehr im Ortsgebiet befinden. Darum die Tafeln. So weit, so klar.

Die Frage ist aber: Wenn ich auf einer Wiener Stadtautobahn unterwegs bin, wo bin ich dann? Offenbar – gesetz-

lich – nicht mehr in Wien. Aber auch nicht in Niederösterreich. Denn es heißen einen auch auf den Autobahnen an
den Stadtgrenzen Schilder in Niederösterreich willkommen.
Was man auch daran merkt, dass dann 130 km/h erlaubt
sind. Andererseits sind für die Wiener Stadtautobahnen ganz
offensichtlich Wiener zuständig: Wiener Autobahnbetreuer,
Wiener Polizisten etc. Letztere konnte man früher durch die
Teilung Polizei/Gendarmerie noch deutlicher erkennen. Gut,
also wo ist man dann? Ist die Südosttangente exterritorial?
Oder ein zehntes Bundesland, wie ein befreundeter Journalist schon vor vielen Jahren mutmaßte?

Die Lösung des Rätsels ist – außer vielleicht für Juris-
ten und Fahrlehrer – ausgesprochen originell, um nicht zu
sagen, wirklich lustig. Ja, man verlässt TATSÄCHLICH bei
den Autobahnauffahrten das Ortsgebiet von Wien. Und danach befindet man sich … in Wien! Und zwar in der GE-
MEINDE Wien! Denn, was man, vor allem in Großstädten,
normalerweise nicht bedenkt: Die Ortsgrenzen sind nicht
automatisch identisch mit den Gemeindegrenzen. In Wien
kommt noch der Fall dazu, dass der Ort Wien de facto ident
ist mit der Gemeinde Wien, und beide praktisch wiederum
deckungsgleich mit dem Bundesland Wien sind. Es gibt allerdings auch andere Fälle, in denen sich dieser Unterschied
im Verkehr bemerkbar macht. So gibt es auf der berühmten
Höhenstraße in den Wiener Bergen Ortsende-Wien-Schilder,
die ebenfalls nur dazu dienen, dem Verkehr – obwohl noch
innerhalb von Wien – ein höheres Tempo zu erlauben. Der
Unterschied liegt freilich darin, dass hier die juristisch ver-
schiedenen Gebiete tatsächlich physisch nebeneinanderlie-
gen. Während die Stadtautobahnen sich fast ausschließlich
über- und unterhalb von Straßen und Häusern befinden, die
sehr wohl im Ort Wien liegen. Quasi Erdgeschoß: Ortsgebiet
Wien; Belle Etage oder Souterrain: »nur« Gemeinde Wien.

Die Gründe für diese Maßnahme sind sehr wohl sinnvoll.
Neben der Geschwindigkeit gibt es auch andere Rechte und

Pflichten auf Autobahnen, die in einem Ortsgebiet nicht gelten. Das Rechtsfahrgebot etwa oder das Verbot, rechts zu überholen. Außerdem dürfen auf Autobahnen automatisch keine Radfahrer, Mopeds und Fußgänger unterwegs sein. Würde man nicht den Trick mit den Ortsende-Schildern anwenden, müsste man all diese Regeln auf den dann nur »schnellen Straßen« in Wien mit eigenen Tafeln ankündigen und durchsetzen. Und das wäre wohl mehr als unübersichtlich. Dass dadurch auch gleich die Autobahngebühr eingehoben werden kann, sprich eine Vignette vulgo Pickerl nötig ist, um etwa die Praterbrücke zu benutzen, ist natürlich ein erfreulicher Bonus nebenbei. Für die Betreiber. Diese Kosten werden nämlich nur dadurch möglich, dass sich eine Autobahn körperlich im Wiener Ortsgebiet befindet, obwohl Autobahnen laut Straßenverkehrsordnung in Ortsgebieten nicht erlaubt sind. Schilda, schau obe!

Generationen

MANUEL GIRISCH & RENATE WOLTRON

MUTTER UND TOCHTER (2005)

(Eine Mutter spaziert mit ihrer kleinen Tochter durch den Prater und setzt sich schließlich mit ihr auf eine Bank.)

Mutter: Komm, meine Kleine, setz dich, kriegst einen Saft.

Tochter: Will a Cola!

Mutter: Gib an Frieden. Du kriegst einen Saft. *(Gibt ihr einen Saft.)* So, und ... wo sind denn jetzt die Buben wieder?! Es is' ein G'frett mit den beiden. Immer nur Unfug im Kopf. Du lieber Himmel!

Tochter: Mama, warum ist der Himmel blau?

Mutter: Weil s' in Wien alle so viel Wein trinken.

Tochter: Und warum muss ich dann einen Saft trinken?

Mutter: Weil du noch ein Kind bist und vom Wein wird man dumm.

Tochter: Aber das ist ja dann ganz blöd, wenn dann nur die Kinder g'scheit sind.

Mutter: Das ist ja nicht so, weil das Schulsystem schon darauf schaut, dass die Kinder nicht zu g'scheit werden.

Tochter: Woher weißt du das?

Mutter: Das haben die Leute in Pisa gesagt.

Tochter: Warum Pisa?

Mutter: Das liegt am schiefen Turm.

Tochter: Warum?

Mutter: Der ist genauso schräg wie unsere Bildungspolitik.

Tochter: Das versteh' ich nicht.

Mutter: Macht nichts. Das wirst du schon noch lernen. Oder eben auch nicht.

Tochter: Und was macht die Frau da hinten? *(Sie deutet.)*

Mutter: Die raucht eine Zigarette. – Das ist ganz ungesund.

Tochter: Warum macht sie das dann?

Mutter: Um den Staat zu unterstützen. Der kriegt dann nämlich viel, viel Geld.

Tochter: Und was macht der Staat mit dem vielen Geld?

Mutter: Er macht viel Werbung damit, dass das Rauchen schädlich ist. Und erlässt neue Gesetze, um das Rauchen zu verbieten.

Tochter: Das versteh' ich auch nicht.

Mutter: Das versteht keiner, meine Kleine. Aber jetzt komm, suchen wir weiter nach deinen Brüdern. Vielleicht sind sie ja da drüben beim Zuckerwatte-Standl.

Tochter: Geh, Mama!

Mutter: Ja, wir gehen eh. Los, komm! Widerstand ist zwecklos!

MUTTER UND SOHN (2007)

(Ein junger Mann spaziert mit seiner bereits betagten Mutter durch den Prater.)

Mutter: Beeil dich, ich will mir heute noch den Derrick anschauen.

Sohn: Du immer mit deinen Serien: Alt und Grau, Das Traumschiff ...

Mutter: Ich mag s' halt gern.

Sohn: Wenn das nur nicht alles so fad wär'!

Mutter: Glaubst du, die Serien in deiner Jugend waren besser?

Sohn: Viele bestimmt.

Mutter: Vielleicht dieses Star Trek mit den Lichtmessern?

Sohn: Lichtschwerter! Und außerdem ist das Star Wars.

Mutter: Ach so, dann ist Star Trek das mit den Computern.

Sohn: Ja, auch.

Mutter: Ja, weil die sind so herzig! Dieser R2-D2.

Sohn: Weißt was, Mama, reden wir lieber von der Bezaubernden Jeannie, Bonanza oder dem Haus am Eton Place. Da kennst du dich besser aus.

Mutter: Ja, vor allem mit Dallas und der Onedin-Linie. *(Sie schwelgt in Erinnerungen.)*

Sohn: Die kenn' ich auch, ist ja schon fast 100 Jahre alt.

Mutter: Na ja, das geht sich nicht ganz aus. Aber ein paar Schauspieler würden heuer ihren 100. Geburtstag feiern. Die Paula Wessely, die Zarah Leander, Katharine Hepburn, Ernst Waldbrunn, Fritz Eckhardt, Leon Askin oder Fay Wray.

Sohn: Fay was?

Mutter: Fay Wray – King Kong.

Sohn: Harry Potter … häh?

Mutter: Fay Wray, die junge blonde Hauptdarstellerin aus dem King-Kong-Film von 1933!

Sohn: Ach so! Jetzt verstehe ich endlich den Rocky-Horror-Picture-Song mit Fay Wray. Den Time Warp.

Mutter: Rocky was …?

Sohn: Sylvester Stallone?

Mutter: Redest du jetzt vom Rambo?

Sohn: Nein, vergiss es einfach! Bleiben wir lieber beim Spiderman oder besser beim Fluch der Karibik.

Mutter: Ah! Das ist ja diese Comicserie mit den lustigen gelben Figuren.

Sohn: Nein! *(Homer-Simpson-Tonfall.)* Hilfe! *(Verzweifelt.)* Wie soll ich bloß diesen Abend überstehen?!

133

(Folgender Text kann mit der Melodie von »Help me make it through the night« nachgesungen werden.)

Geh, kumm Mama, gib a Ruah,
setz di hin und halt den Mund
und dann reg di net mehr auf,
trink an Tee, weil der is' g'sund.
Denk halt an die schöne Zeit,
wie sie früher amoi war,
i loss dir dei Heiterkeit
und so hab i a mei Freid.
Mir is' wurscht was stimmt, was net,
I versuch' di zu verstehen,
lass ma's anfoch sein, wie's is',
denn jetzt muass I langsam geh'n.
Heute samma schon recht miad,
morgen schaut's glei' anders aus,
hör doch auf des schene Liad,
denn auf Deitsch is' des a Graus. *(Zum Publikum.)*

(Zwischenspiel) -> Konversation:
Sohn: Ich bring' jetzt etwas Internationales in die Sache.
Mutter: Besser Globalisierung als Inkompetenz.
Sohn: Was meinst denn jetzt damit, Mama?
Mutter: Na ja, Globalisierung bedeutet, dass sich u.a. auch
die Dummheit gleichmäßig verteilt.

I don't care what's right or wrong,
I don't try to understand.
Let the devil take tomorrow,
,cause tonight I need a friend.
Yesterday is dead and gone,
and tomorrow's out of sight.
And it's sad to be alone.
Help me make it through the night

Mutter: Weißt, ich war auch einmal jung.

Sohn: Das bezweifle ich ja nicht.

Mutter: Ich war ein richtiger Hippie.

Sohn: Du und ein Hippie-Outfit? Das kann ich mir kaum vorstellen, so bieder und konservativ, wie du jetzt manchmal bist.

Mutter (bindet sich ein Stirnband um): Und jetzt?

Sohn: Geh bitte, gib des Bandl aus die Haar!

Mutter: Also wirklich! – Ich habe sogar einen Großteil meiner Jugend in Glockenhosen verbracht!

Sohn: Ach ja, das liegt doch hinterm Hafnerberg ...

Mutter: Also! Jetzt reicht's, ab mit dir nach Hause, bevor ich dich zur Adoption freigebe und mir ein neues Kind aus Afrika adoptier'.

Sohn: Da musst du dich aber hinten anstellen.

Mutter: Aber wenn ich eines bekomme, dann soll es nach deinem Großvater heißen.

Sohn: Was, du willst es Opa nennen?

(Beide ab.)

IM WILDEN SÜDEN

HARALD HAVAS

Wenn man an den Wiener Wurstelprater denkt, denkt man zumeist an das Riesenrad und die großen und bunten Attraktionen zu dessen Füßen. Touristen betreten das Areal ja fast zu 100% vom Praterstern kommend und werden hier seit einigen Jahren von einem eigenartig geformten Platz begrüßt, der sich nicht recht zu entscheiden vermag, ob er nun einem besonders uninspirierten Albtraum Walt Disneys entsprungen ist oder doch dem eines Mall-Architekten, den man gerade noch rechtzeitig vor Vollendung seines Werks von den Bauplänen wegzerren konnte. Tatsächlich handelt es sich dabei um das Überbleibsel des Versuches, den Prater in eine Art umzäunten Vergnügungspark zu verwandeln, wie man ihn aus vielen anderen Ländern kennt. Mitsamt zentraler Einlassschleuse und ausgedehntem Shoppingareal. Glücklicherweise ist dieser Versuch gründlich schiefgegangen, und man kann diesem missglückten Versuch Willkommenskultur, wegen dem einige traditionelle Betriebe an seiner Stelle abgerissen wurden, mit ein wenig Ortskenntnis links und rechts ausweichen.

Wahre Connaisseurs des Wiener Praters betreten das Areal aber sowieso lieber von der Hauptallee her, bevorzugt an dessen südlichem Ende. Dort, wo das Schweizerhaus duftet, die alte Hochschaubahn die Besucher anspritzt und dabei noch genauso die Erinnerung an den alten Prater verbreitet wie das nahe Pferdekarussell. Man kann darüber streiten, aber hier im wilden, unreglementierten Süden ist der Wurstelprater noch am ehesten das, was er jahrzehntelang war. (Wenn man vom steril gestalteten Platz beim Praterkasperl absieht, auf dem aber wenigstens eine ordentliche Toilettenanlage steht.) Und das nicht nur durch die traditionellen Betriebe, sondern durchaus auch durch den einen oder anderen Neuzugang.

Zum Beispiel befindet sich hier am Karree Leichtweg, Straße des 1. Mai und Karl-Kolarik-Weg das höchste Kettenkarussell der Welt. Nun, um der Wahrheit die Ehre zu geben, das *ehemals* höchste Kettenkarussell der Welt. Mit seinen 117 m war es das nämlich ab 2010, als es das zuvor höchste im Kopenhagener Tivoli mit läppischen 80 m gleich um 37 m schlug! Der Rekord wurde allerdings bereits 2013 von einem Kettenkarussell in Schweden (120 m) übertroffen, der wiederum in den nächsten Jahren von zwei amerikanischen Fahrgeschäften (122 beziehungsweise 125 m) überboten wurde. Netto also keine läppischen 10 m mehr. Könnte man bei Bedarf also vielleicht sogar noch aufstocken. Nichtsdestotrotz ist der sogenannte »Praterturm« damit immer noch eines der höchsten Bauwerke Wiens! Wäre es ein Hochhaus, würde es sich auf Platz acht einordnen und gelte aufgrund der Höhe von über 100 m sogar als Wolkenkratzer. Jedenfalls stellt er eine gelungene Verbindung zwischen moderner Attraktion und der klassischen Tradition eines Karussells dar.

Um einiges niedriger, aber für den Bekletterer immer noch recht hoch, ist der nicht weit davon gelegene Rutschturm, besser bekannt unter seinem korrekten Namen »Toboggan«. Wobei Toboggan nicht der Eigenname des Bauwerkes ist, sondern der korrekte Typenbegriff für diese Art von Attraktion. Bei einem Toboggan handelt es sich nämlich um einen meist hölzernen Turm, bei dem man über eine Art schräges Laufband von außen bis in die Mitte des Turms, auf etwa halbe Höhe, getragen wird. Den Rest muss man dann über Treppen zu Fuß hinaufgehen, kann einen Rundblick genießen, schnappt sich dann eine Rutschunterlage und lässt sich spiralig hinabgleiten. Der Toboggan in Wien wurde bereits 1913 im Prater errichtet und trug damals den Namen »Des Teufels Rutsche«. Im Zweiten Weltkrieg brannte er ab, wurde aber bereits 1947 nach alten Plänen wiedererrichtet und -eröffnet. Im Jahr 2000 wurde der Turm dann jedoch aufgrund von Schäden und Baumängeln schließlich außer Betrieb genommen, aber bereits acht Jahre später generalsaniert, teilweise aus Mitteln des Denkmalschutzes. Seitdem kann man dort wieder rutschen und sich auch ein wenig gruseln, denn es gibt zwei hartnäckige Legenden über Verletzungs- oder sogar Todesgefahr bei dessen Benutzung! Da die Rutsche aus in Fahrtrichtung parallelen, miteinander verbundenen Holzplanken besteht, geht seit den Fünfzigerjahren das Gerücht, es hätte sich einmal ein Holzbrett aufgestellt und einen heranrutschenden Fahrgast aufgespießt und getötet! Besonders Männern und jungen Burschen wird daher oft im Hinblick auf die Erhaltung der Manneskraft von einer Benutzung abgeraten. Tatsächlich gab es einen solchen Unfall, allerdings hatte sich damals nur ein längerer Span aufgestellt und eine Frau verletzt, die daraufhin zwar ins Spital musste, aber den Unfall zweifellos überlebte. Und obwohl so etwas schon seit Langem gar nicht mehr möglich ist, weil die ganze Rutschfläche mit einer Plastikmasse versiegelt ist, gruseln sich noch heute gerne Leute vor oder während der Benutzung. (Mehr dazu hört man auch im Molden/Resetarits-Lied »Rudschduam«.) Die zweite Gefahr ist ein wenig realer, wenn auch nicht tödlich. Sollte man nämlich während des Rutschens aus der Rutschunterlage, im Großen und Ganzen alte Säcke, herausgleiten, könnte man sich aufgrund der starken Reibung Verbrennungen zuziehen. Echte Gefahr besteht allerdings nur bei direktem Hautkontakt zwischen Benutzer und Fahrbahn. Leuten in kurzen Hosen oder Röcken sei daher angeraten, auf jeden Fall innerhalb des Sackes zu bleiben, egal, wie sehr der auch kratzt.

Die letzte und allerneueste bestehende Gefahr ist eine moderne: nämlich die, gegen einen ebenfalls rutschenden Freund gnadenlos zu verlieren. Denn inzwischen gibt es eine digitale Zeitmessung, die die Rutschzeit jedes Benutzers beim Ausstieg anzeigt.

Ein Klassiker für viele Praterbesucher ist, den Besuch bei einer Stelze und dem einen oder anderen Bier im Schweizerhaus ausklingen zu lassen. (Einige Touristen fragten mich einmal in der Nähe der Pratersauna, inhaltlich nicht ganz unberechtigt, nach dem Weg zum »Schweinehaus«.) Schon allein deswegen, weil viele der traditionsreichen Gasthäuser wie »Zum Walfisch« den Modernisierungsbestrebungen oder dem oben erwähnten Eingangswahnsinn zum Opfer gefallen sind. Zwar hat das traditionelle Schweizerhaus durch die direkt angrenzenden Betriebe »Luftburg« und »Praterfee« inzwischen Konkurrenz erhalten, da aber alle irgendwie der Familie Kolarik gehören, dürfte sich die Trauer in Grenzen halten. Zumal das Schweizerhaus immer voll ist – man aber immer einen Platz findet. Nicht das einzige physikalische Wunder dort. Wird doch dem Gast, kaum, dass er sitzt, von den flinken Kellnern das gewünschte Getränk stets schneller auf den Tisch gestellt, als man es bestellt hat. Das hat irgendwas mit Tachyonen zu tun oder speziellen Eigenschaften der Relativitätstheorie, ganz genau weiß ich es nicht, habe das Phänomen aber schon öfter selbst beobachtet.

Übrigens durchquert nur an der Stelle dieses gastronomischen Hotspots die traditionsreiche Liliputbahn sichtbar den Bereich des Wiener Wustelpraters. Was unter anderem zu einer zukunftsweisenden und originellen Symbiose geführt hat. Abgesehen von einer alten Dampflok, werden die Lokomotiven der Liliputbahn seit Jahrzehnten mit Diesel befeuert. 2007 wurden diese Loks jedoch umgerüstet und können seitdem CO_2-neutral mit Pflanzenöl betrieben werden. Der besondere Clou: das Öl stammt aus den Fritteusen der großen Gasthäuser im Südteil des Praters, das so umweltschonend wie auch freudebringend entsorgt werden kann. Für diese Initiative wurde der Liliputbahn im Jahr 2007 sogar der Umweltpreis der Stadt Wien verliehen.

140

Hui & Pfui – Zeitkritik

RENATE WOLTRON & MANUEL GIRISCH

GEWALT GEGEN KÜNSTLER (2010)

(Eine schroffe, unfreundliche und etwas ungebildete Beamtin sitzt mit einem Ordner beschäftigt an ihrem Schreibtisch. Ein Schauspieler tritt zu ihr.)

Schauspieler: Entschuldigung, bin ich hier richtig?

Beamtin: Woher soll ich das wissen?

Schauspieler: Ja, also, ich möchte ein Theaterstück aufführen ...

Beamtin: In Wien?

Schauspieler: Ja.

Beamtin: Sind Sie Österreicher?

Schauspieler: Ja.

Beamtin: Oh. – Sind Sie vielleicht sogar Wiener?

Schauspieler: Ja.

Beamtin: Oh-oh, oh!

Schauspieler: Wieso? Ist das wichtig?

Beamtin: Das ist sehr wichtig! Haben Sie eingereicht?

Schauspieler: Ja, das ganze Projekt. In siebenfacher Ausführung. Hat ziemlich viel gekostet, die ganzen Kopien und die Mappen und so.

Beamtin: Ja, dann wird man Ihnen ja Bescheid geben, wenn alles korrekt geprüft wurde.

Schauspieler: Ja, das ist es eben.

Beamtin: Was?

Schauspieler: Mein Antrag wurde abgelehnt.

Beamtin: Mit welcher Begründung?

Schauspieler: Mit keiner. Einfach so.

Beamtin: Na, diese Herrschaften denken sich schon was dabei. Hat halt nicht gepasst. Ich kann Ihnen da nicht helfen. Was wollen Sie überhaupt von mir?

Schauspieler: Einen Termin.

Beamtin: Wieso?

Schauspieler: Ich will mein Anliegen persönlich vortragen.

Beamtin: Wieso?

Schauspieler: Weil es mein Anliegen ist! Sehen Sie, ich bin ausgebildeter Schauspieler ...

Beamtin: Oje!

Schauspieler: Was?

Beamtin: Oje, als ausgebildeter Schauspieler haben Sie es sicher schwer.

Schauspieler: Ich verstehe nicht.

Beamtin: Na, gefördert werden nur Laien und semiprofessionelle Gruppen oder solche, die dem Staat nicht gefährlich werden können. Außerdem brauchen wir den Rest der Fördermittel für nicht-inländische Gruppen, um die Schuld abzutragen.

Schauspieler: Welche Schuld?

Beamtin: Keine Ahnung, aber so sind die Richtlinien!

Schauspieler: Aber wir machen nichts Gefährliches.

Beamtin: Was machen Sie denn?

Schauspieler: Sprechtheater. Klassisches Sprechtheater!

Beamtin: Oje!

Schauspieler: Wieso schon wieder?

Beamtin: Das ist gar nicht mehr erwünscht! Wir wollen integrativ vorgehen und nur mehr außergewöhnliche Projekte fördern. »Das Referat Wissenschafts- und Forschungsförderung der Kulturabteilung MA 7 hat zum Ziel, Wien im Hinblick auf die Städtekonkurrenz als intellektuelle Innovations- und Wissenschaftsstadt mit hoher Kultur- und Lebensqualität und als guten Wirtschaftsstandort zu positionieren.«

Schauspieler: Hää?

Beamtin: Ja, das ist so.

Schauspieler: Was hat das mit unserem Projekt zu tun?

Beamtin: Nichts, aber es ist doch ein guter Ablehnungsgrund.

Schauspieler: Man hat uns für unser letztes Projekt nicht einmal einen Ablehnungsgrund genannt!

Beamtin: Was war das denn?

Schauspieler: Götz von Berlichingen! So aktuell wie nie zuvor! Ein Rebell gegen Staat und Kirche! Ein Freigeist! Ein Klassiker!

Beamtin: Rebell gegen den Staat ...

Schauspieler: Ja!

Beamtin: Und da erwarten Sie eine Förderung vom Staat?

Schauspieler: Sicher, das ist doch klassisches Sprechtheater!

Beamtin: Und wo ist die Beziehung zu aktuellen Wiener Problemen, die eine Förderung unter anderem rechtfertigen könnte?

Schauspieler: Aber hier geht es doch um das Publikum! Wir zeigen einen Klassiker, der topaktuell ist.

Beamtin: Dann müssten Sie ja auch genug Publikum bekommen. Haben Sie die Veranstaltung schon angemeldet? Um Zählkarten ersucht? Die AKM verständigt? Die mitwirkenden Schauspieler bei der Sozialversicherung angemeldet und sich selbst eine UID-Nummer geholt?

Schauspieler: Nein.

Beamtin: Uh-oh!

Schauspieler: Aber es findet ja noch gar nichts statt!

Beamtin: Aber Sie haben bereits die Absicht einer Veranstaltung! Das kostet! Sie müssen zuerst alle Zahlungen leisten, damit Sie in diesem Bereich überhaupt tätig werden können.

Schauspieler: Aber ich will nur ein Theaterstück zu den Menschen bringen!

Beamtin: Uninteressant. Erst zahlen Sie.

Schauspieler: Um wie viel geht es da?

Beamtin: Kommt darauf an. Wo immer Sie spielen, rechnen wir den Maximalwert aus, der uns bleiben könnte, und den zahlen Sie dann im Voraus!

Schauspieler: WAS?!!

Beamtin: Na, unsere Aufgabe ist es schließlich, junge, unerfahrene, unbekannte und ausländische Künstler zu fördern. Das kostet!

Schauspieler: Außer in Wien und auf der ganzen restlichen Welt heißt es immer: »Bei uns fördern wir nur einheimische Künstler!« – Wieso ist das in Wien anders? Wieso fördern Sie in Ihrer letzten Beschlusssitzung kein einziges Sprechtheater? Wieso sperren Sie permanent Theater zu? Vernichten Arbeitsplätze für Jungschauspieler? Treiben die freien Gruppen in die Illegalität durch das Sozialversicherungsproblem? Wieso sind Künstler hier nur geduldet?

Beamtin: Mäßigen Sie sich! Sie sind ja nicht geduldet. Bald schon wird jedes Theater der freien Szene geschlossen sein, weil es keine Förderungen mehr gibt. Und jene Häuser, die es noch gibt, werden harmlose Tanzperformances machen, weil wir die Häuser neu vergeben.

Schauspieler: So schlimm war es noch nie!

Beamtin: Wachen Sie doch auf! Glauben Sie, wir haben auf Shakespeare, Goethe, Schiller oder auch nur Nestroy gewartet? Wenn solche subversiven Autoren aufgeführt werden, dann an Staatstheatern. Wo Kontrolle herrscht! Wo man den Schluss nach Belieben verändern kann. Dann sollten alle nackt sein – das lenkt vom Inhalt ab! Und wenn noch das leidige Nazi-Thema einen Platz findet – und sei es in einer lächerlichen, ausgefransten Hakenkreuzarmbinde, die Antigone völlig sinnlos und unmotiviert vom Ärmel baumelt –, ja, dann haben wir einen Förderungsgrund.

Schauspieler: Aber irgendwann hat es doch geheißen, dass wir inländische Künstler auch wichtig für die Identität des Landes wären.

Beamtin: Aber nur, solange diese Künstler tot sind! Jura Soyfer, Peter Altenberg, Egon Friedell oder zahlreiche Burgtheatergrößen. Denken Sie nur an absolute Topstars wie Klaus Maria Brandauer. Der hat in Österreich keinen Meter – solange er lebt. Nachher werden wir ihm huldigen! Wetten, der bekommt in Wien einen ganzen Platz für sich allein? Und vergessen Sie nicht unsere Verpflichtungen Europa gegenüber!

Schauspieler: Ja, wir hatten große Angst, seinerzeit, dass uns die Menschen aus dem Osten alle Arbeitsplätze wegnehmen. Tatsächlich hätte ich es mir als Schauspieler nie träumen lassen, dass es deutsche Laienschauspieler sind, die meine Jobs erledigen.

Beamtin: Wieso? Ist doch logisch. Allein durch das tägliche Fernsehprogramm lernt jeder, dass es »NICH« heißt und nicht »NICHT«. Aber das ist ja nur der Anfang. Wir, die MA 7, haben ja auch die richtigen Leute eingesetzt, um zu entscheiden, was an Theater in Wien gefördert werden soll und was nicht. Und das gesamte Entscheidungsgremium stammt selbstverständlich aus Deutschland. Die wissen eben viel besser, was hier ankommt.

Schauspieler: Kein Wunder, sie bekleiden sowieso schon jeden relevanten Posten.

Beamtin: Na, also. Sie wissen Bescheid. Könnten Sie jetzt bitte wie jeder andere relevante österreichische Künstler entweder ins Ausland gehen oder resignieren? Ich hab' nämlich nicht den ganzen Tag Zeit!

Schauspieler: Aber, mein Antrag, ich wollte doch nur jemanden sprechen, der was zu sagen hat!

Beamtin: Dann versuchen Sie es am besten in einschlägigen Lokalen. Ein, zwei Viertel mit dem Stadtoberhaupt, und der Karriere steht nichts im Weg.

Schauspieler: Ich habe hart für meine Ausbildung gearbeitet! Ich weiß, was ich tue! Ich will mich beweisen und ich bin gut! Warum soll ich diese zweifelhaften Wege einschlagen?

Beamtin: Gott, ist der süß!

Schauspieler: Sehen Sie keinen Weg, vielleicht doch noch ...

Beamtin: Hmm. Götz von Berlichingen, sagen Sie?

Schauspieler: Ja.

Beamtin: Von Schiller?

Schauspieler: Goethe.

Beamtin: Hmmm. Schauen Sie, mit mir kann man ja reden.

Schauspieler: Ja, aber man bekommt eine blöde Antwort.

Beamtin: Also, bitte! Könnten Sie sich vielleicht vorstellen, das ganze Projekt als Integrationskonzept einzureichen?

Schauspieler: Was?

Beamtin: Na, Götz ist ein Immigrant, alle Schauspieler, die aus sämtlichen EU-Ländern eingeflogen werden, sprechen nicht, sondern tanzen nur, und auf einer Videowall werden Szenen via Webcam live aus diversen Bahnhofstoiletten der EU übertragen. Dann hätten Sie sogar Chancen auf eine EU-Förderung und Sie wären in jedem Fall bei den Wiener Festwochen dabei!

Schauspieler: Auf Wiedersehen. – Oder besser: Adieu. *(Ab.)*

Beamtin (steht auf): Also, diese Künstler heutzutage glauben auch, dass ihnen alles in den Schoß fällt. *(Im Abgehen)* Das ist schon richtig so, dass man ihnen alle Theater zusperrt. Sollen schauen, wo sie bleiben, und von der Sozialhilfe leben! *(Ab.)*

MÖRDER BEIM AMS (2013)

(Eine AMS-Beraterin ordnet ihren Schreibtisch mit Unterlagen. Ein Mörder tritt auf.)

AMS-Beraterin: Guten Tag.

Mörder: Nein!

AMS-Beraterin: Was?

Mörder: Kein guter Tag! Glauben Sie, ich komm' zum AMS, wenn der Tag gut ist?!

AMS-Beraterin: Was wollen Sie denn?

Mörder: Mich setzen?!

AMS-Beraterin: Bitte ... *(Pause)* ... Und?

Mörder: Ich bin nämlich schon lang nimmer gesessen.

AMS-Beraterin: Was? Wo?

Mörder: In Stein – Neun Monate wegen versuchten Totschlags.

AMS-Beraterin: Was?

Mörder: Es hat wieder einmal nicht funktioniert.

AMS-Beraterin: Was?

Mörder: Die Opfer werden immer zäher, die Augen immer schlechter. Ich hab' danebengehaut.

AMS-Beraterin: Und was wollen Sie jetzt von mir?

Mörder: Eine Umschulung.

AMS-Beraterin: Auf was?

Mörder: Auf Wirtschaftskriminalität.

AMS-Beraterin: Sind Sie wahnsinnig?

Mörder: Nein. Ich bin Soziopath! Das haben mir die Ärzte erklärt.

AMS-Beraterin: Was sind Sie von Beruf?

Mörder: Ich habe keinen Beruf – ich bin berufen!

AMS-Beraterin: Zu was?

Mörder: Zum Mörder.

AMS-Beraterin: Das ist ja kein Beruf!

Mörder: Sag' ich ja! Ich bin ja nicht einmal spezialisiert.

AMS-Beraterin: Spezialisiert?

Mörder: Na ja, es gibt Massenmörder, Serienkiller, Soldaten ...

AMS-Beraterin: Soldaten sind doch keine Mörder!

Mörder: Wieso? Tot ist tot! Henker, Scharfrichter, Jäger – egal, alle sind »spezialisiert«.

AMS-Beraterin: Und Sie?

Mörder: Nicht einmal angelernt. Leidlich talentiert. Aber man kommt in die Jahre ... ich hab' es schon mit Brandstiftung versucht, aber ich bin nun mal kein Pyromane ... und jetzt hab ich ein BURN-OUT.

AMS-Beraterin: Aber, Sie sind ein Verbrecher! Eine Gefahr für die Gesellschaft!

Mörder: Ach was! Der berühmte französische Soziologe Emil Durkheim hat die These aufgestellt, dass ein bestimmtes Maß an Kriminalität integraler Bestandteil »gesunder« Gesellschaften ist. – Sie brauchen mich!

AMS-Beraterin: Sie sind gerne ein Mörder?

Mörder: Schau'n S', man kommt unter Menschen und muss doch keine dauerhaften Bindungen eingehen.

AMS-Beraterin: Sie sind ja völlig irre!

Mörder: Soziopath!

AMS-Beraterin: Ich kann Ihnen jedenfalls keinen Auftragsmord vermitteln. Solche Berufe fallen nicht unter unseren Support.

Mörder: Können Sie mich nicht in einem Kurs unterbringen?

AMS-Beraterin: Mmh! Ich hab' nur einen – »Wiedereintritt ins Berufsleben«. Ich weiß nicht recht ...

Mörder: Großartig! Ich könnte dort Arbeitswerkzeuge anfertigen.

AMS-Beraterin: Arbeitswerkzeuge?

Mörder: Messer schleifen, Äxte basteln, Seile knüpfen und Gifte mischen.

AMS-Beraterin: Eigentlich geht es in den Kursen aber ums Malen und Batiken.

Mörder: Hmmh. So ein gebatiktes Seil ist bestimmt ganz hübsch. Das Opfer hängt sozusagen an den Farben ...

AMS-Beraterin: Sie brauchen eine Ersatzbeschäftigung, die Sie ablenkt. Haben Sie ein Haustier?

Mörder: Ich hab' eine Schlange zu Hause.

AMS-Beraterin: Sehen Sie, ich habe eine Katze.

Mörder: Ja, ich hatte auch mal eine. Die Schlange mochte Sie sehr ... es war eine kurze und heftige Liaison ... *(Blicke.)*

AMS-Beraterin (seufzt): Sind Sie auf Facebook?

Mörder: Ja! »Unschuldslamm33« – wollen Sie eine friend request?

AMS-Beraterin: Nicht unbedingt! Aber vielleicht finden Sie via Facebook eine sinnvolle Zeitvergeudung ... äh – Zeitvertreib, meine ich.

Mörder: Aber ich habe keine Freunde! Sobald ich eine Freundschaftsanfrage beantworte, juckt es mich, die Person gleich wieder zu entfreunden oder sogar zu blockieren! Aber sie ist ja trotzdem noch am Leben.

AMS-Beraterin: Und das frustriert Sie?

Mörder: Ja.

AMS-Beraterin: Und die Spiele? Wie wär's mit Farmville? Da baut man einen Bauernhof auf und managt ihn.

Mörder: Hab' ich versucht. Ich habe die Farm niedergebrannt, den Farmer zerhackt und alle Tiere abgeschlachtet. Game over.

AMS-Beraterin: Sie sind wirklich ein Psychopath!

Mörder: Soziopath! Soziopath!

AMS-Beraterin: Na schön! Haben Sie schon über Ihre Wünsche nachgedacht?

Mörder: Ja, ich wollte vom Support einen Button »Will nicht befreundet sein mit«.

AMS-Beraterin: Es muss ja nicht immer gleich Mord sein. Macht es Ihnen nicht vielleicht auch Spaß, Leute zu frustrieren? Sich an ihrem Unglück zu weiden, ihr Elend und ihren Ärger zu genießen und einfach zuzusehen, wie sie in Verzweiflung und Tränen ausbrechen, weil sie permanent verarscht werden?

Mörder: Na ja, das klingt schon gut. Aber wie geht das denn?

AMS-Beraterin: Ganz einfach. Werden Sie AMS-Berater. Ich geh' nämlich jetzt auf Mittagspause und danach in Frühpension. Hab' ein Burn-out und muss noch ein paar Tücher batiken. Guten Tag. *(Ab.)*

(Der Mörder schaut ihr verwirrt nach.)

WAHN (2012)

(Eine Sportlerin als joggender Gesundheitsapostel, ein Spendensammler und eine Diät-Frustrierte treffen in der Prater Hauptallee aufeinander.)

Sportlerin (joggt, macht Gymnastik): Und eins und zwei und drei und vier und …

Diät-Frustrierte: Wozu Sport, wenn's mit plastischer Chirurgie auch funktioniert?

Sportlerin: Keine Chemie … nichts Unnatürliches! Ihnen würde es aber auch nicht schlecht stehen, wenn Sie das eine oder andere für sich und Ihren Körper tun würden.

Diät-Frustrierte: Mich haben schon die zahlreichen Diätpillen mehr als genug gekostet. Und gebracht hat es auch nichts.

Sportlerin: Es geht ja auch ohne Pillen. Es geht um die richtige Ernährung.

Diät-Frustrierte: Und was ist richtig?

Sportlerin: Ausgewogenheit. Das richtige Mittelmaß. Sehen Sie, ich esse fast gar nichts. Ist am besten. Der Körper braucht gar nicht so viel, wie man denkt. Und schließlich soll man ja die Rippen sehen.

Diät-Frustrierte: Schrecklich! Die Rippen!

Sportlerin: Wie haben denn Ihre Diäten ausgeschaut?

(Ein Spendensammler tritt auf.)

Diät-Frustrierte: Vor Kurzem hab' ich zum Beispiel die Vokal-Diät versucht.

Sportlerin: Vokal-Diät?

Diät-Frustrierte: Ja, man darf alles essen, was mit einem Vokal beginnt: Apfel, Ananas, Essiggurken, Ingwer, Obst generell, Unkraut ...

Spendensammler: Alkohol, Eis, Ischler Schnitten, Obsttorten, Uhudla ...

Diät-Frustrierte: Na, das nicht. Das hat ja alles zu viele Kalorien.

Spendensammler: Was ist das dann für eine blöde Diät?

Diät-Frustrierte: Hat eh nicht funktioniert. Dann hab' ich's mit der Konsonanten-Diät probiert. Jedes Lebensmittel, das mit Konsonanten beginnt. War aber der gleiche Mist.

Spendensammler: Hier. Ich sammle Spenden für hungernde Menschen in Afrika. Schaut das vielleicht schön aus, dass man die Rippen sieht?

Diät-Frustrierte: Schon krank – auf der einen Seite müssen die Leute hungern, auf der anderen hungern sie sich freiwillig zu Tode!

Sportlerin: Ich hungere nicht. Ich achte nur auf meine Figur. Und wenn's zu viel wird, hab' ich noch immer die Möglichkeit, mit Sport alles auszugleichen. Gesundheit ist das Schlagwort!

Spendensammler: Geht das heute überhaupt noch? Ich meine, woher wissen wir denn, dass etwas wirklich Bio oder Fairtrade ist? Wir können's doch gar nicht kontrollieren.

Sportlerin: Sind doch diverse Logos auf den Lebensmittelverpackungen.

Diät-Frustrierte: Und dann hört man wieder von einem Lebensmittelskandal! Nein, danke – ich glaube grundsätzlich gar nichts.

Sportlerin: Man muss eben vertrauen.

Diät-Frustrierte: Vertrauen! Ich glaub' nur, was ich sehe. Ist doch mit Ihren Spenden auch so. Woher weiß ich denn, dass mein Geld wirklich bei den Hungernden landet. Könnte ja sein, dass Sie sich mit meiner Spende ins nächste Wirtshaus absetzen und ein Bier trinken.

Spendensammler: Schau' ich so aus?

Sportlerin und Diät-Frustrierte (gleichzeitig): Ja.

Spendensammler: Danke! Wenn das so ist, werde ich mich an spendenfreudigere Leute halten, denen die Armut in der Welt wirklich ein Anliegen ist!

Diät-Frustrierte: Das interessiert mich so sehr wie ein Knoblauch-Furz in der Wüste.

RELIGION (2012)

Guru (mit hypnotischer Stimme zum Publikum): Guten Tag! Ich bin Mitglied der Erneuerungskirche »Loser Glaube«, was bedeutet, dass unsere Mitgliederanzahl wechselnd ist – eben lose. Die Mitglieder werden zu nichts gezwungen, sie können kommen und gehen, wie und wann immer sie wollen ... sobald unser Oberster sein O.K. dazu gegeben hat. Was ich persönlich sehr in Ordnung finde, denn es braucht ja einen, der einem den Weg vorgibt – einen Leithammel sozusagen. Das ist ja überall so. Und bei uns können Sie sich den Tarif aussuchen – je nachdem, wie oft Sie unsere Gemeinschaft frequentieren. Wir bieten Ihnen kostenlose Schnupperstunden, Monats-, Halbjahres- und Jahresmitgliedschaften. Die Kündigungsfrist beträgt drei Monate. Sollten Sie den Vertrag nicht erfüllen, zieht das einen Prozess vor Gott persönlich nach sich.

Zeitungsjunge (ruft): Extrablatt! Extrablatt! Druckfrisch mit der aktuellen Stellenausschreibung »Kardinal gesucht«.

Guru: Kardinal gesucht? Sucht man die jetzt schon über eine Anzeige?

Zeitungsjunge: Ja, muss so sein. Ist gesetzlich so geregelt. Jeder, der Kirchensteuer zahlt, hat das Recht, sich um eine Stelle in der Kirche zu bewerben. Und das Kardinalsamt ist ja schließlich auch ein Job.

Guru: Und was steht in so einer Anzeige?

Zeitungsjunge (während er vorliest, kommt eine Frau hinzu): »Älterer alleinstehender Herr mit Interesse an Macht und Herrlichkeit und Affinität zu Folkloreveranstaltungen gesucht. Kost und Logis werden gestellt. Reise- und Missionierungsbereitschaft werden vorausgesetzt. Rudimentäre Kenntnisse der Heiligen Schrift sowie der Gralssage von Vorteil.«

Eine Frau: Ist das Ganze überhaupt genderkonform? Ich meine, dürfen Frauen sich auch bewerben? Das sollte nämlich in den heutigen Zeiten selbstverständlich sein.

Zeitungsjunge: Keine Ahnung. Davon steht nichts da. Wahrscheinlich wird's eh als selbstverständlich angenommen, deshalb ist es auch nicht extra angeführt.

Eine Frau: Ich wäre mir da nicht so sicher, werde mich erkundigen.

Zeitungsjunge: Wollen Sie ein Exemplar kaufen?

Eine Frau: Nein, danke.

Guru (mischt sich ein, will »missionieren«): Die Erneuerungskirche »Loser Glaube«, der ich angehöre, macht da
keinen Unterschied zwischen Mann und Frau.

Eine Frau: Das ist schon einmal positiv. Was haben Sie sonst
zu bieten?

Guru: Na ja, es geht ja weniger ums Bieten, sondern vielmehr um das Gemeinsame, das man einander geben
kann. Das gemeinsame Erleben von Gott.

Zeitungsjunge: Oje, ich sag's Ihnen. Ich war da mal in
einer Sekte gefangen ... bis ich da wieder rausgekommen
bin ...! Bei diesem gemeinsamen Suchen nach Gott haben
sich immer alle auf dem Boden gewälzt, sich mit Schokolade eingerieben und Halleluja gerufen.

Eine Frau: Und welche Erkenntnisse haben Sie aus dieser Erfahrung gezogen?

Zeitungsjunge: Dass ich dreimal so viel Waschmittel ge-
braucht habe als sonst, um die Schokolade wieder aus
den Kleidern zu waschen. Das war vielleicht eine Sauerei.

Eine Frau: Ich hab' ehrlich gesagt nicht viel Erfahrung mit
religiösen Strömungen. Wenn man zwei Kinder hat, ist
da nicht viel Zeit. Allerdings war ich vor einiger Zeit
bei einem Kirchenkonzert – die Domkosaken, ein Chor,
bestehend aus 20 polnischen Priestern. War aber nicht
schlecht.

Zeitungsjunge: Na ja, jedem das Seine. *(Im Abgehen rufend)*
Extrablatt! Extrablatt! Druckfrisch mit der aktuellen
Stellenausschreibung »Kardinal gesucht«.

Eine Frau: Eigentlich haben Postenschacherei, Spendenaffä-
ren und die ganze Lügerei mit Religion nicht viel zu tun.
Man fragt sich halt: Ist der Mensch für die Religion da
oder die Religion für den Menschen?

Guru: In jeder Religion, die etwas taugt, geht es schließlich
immer nur um die Liebe.

AN EINER HALTESTELLE (2013)

(Ein älterer Mann mit Stock, der mit Kopfhörern Musik
hört und dabei laut mitsingt, und eine resche Wienerin stehen an einer Haltestelle.)

Frau (verärgert): Müssen Sie da an der Haltestelle so laut
singen?

Mann: Stört es Sie vielleicht?

Frau: Ja. Das gehört in der Öffentlichkeit eigentlich verboten.

Mann: Sie wollen wahrscheinlich auch das Essen und Trinken und das Handytelefonieren in der U-Bahn verbieten?!

Frau: Ja, schließlich fühl' ich mich – und viele andere auch –
dadurch gestört.

Mann: Haben Sie vielleicht eine Essstörung, die Sie pflegen
müssen?

Frau: Frechheit!

Mann (echauffiert): Mein Gott, tun Sie mir leid! Wissen Sie,
was mich – als Gehbehinderter – in den Öffis wirklich
stört?! Dass man in den Stationen zu wenige Sitzgelegen-
heiten hat, die Bänke meistens in der Mitte am Bahn-
steig montiert sind, sodass man in jedem Fall zig Meter
hin- und herhatschen muss … und dass die Lifte oft nicht
funktionieren. Und schauen S' hier – hier gibt's nicht einmal eine Sitzbank und der Bus kommt erst in 10 Minuten. Und da glauben die da oben wirklich, die Stadt ist
behindertengerecht!

Frau: Schreien Sie mich nicht so an, mir ist das noch nie aufgefallen.

Mann: Wollen Sie mir das Schreien jetzt vielleicht auch noch
verbieten?! – Ist Ihnen schon einmal aufgefallen, wie ver-
trottelt das ist. Die reißen aus dem 43er die Sessel raus,
damit's mehr Stehplätze gibt, statt dass sie einfach mehr
Straßenbahnen einsetzen. Das ist vielleicht eine Logik!

Frau: Ich hab' gehört, die Verkehrsbetriebe sollen privatisiert werden.

Mann: Ja, der Stronach will sie kaufen. Weil seine Pferde im Magna Racino nichts mehr zu tun haben, will er die Pferde-Straßenbahn wieder einführen.

Frau: Aber, das sind doch alles Rennpferde!

Mann: Dann geht's wenigstens schneller, und die Fahrzeiten werden kürzer! Nicht schlecht!

Frau: Na ja, ich fahr' sowieso meistens mit dem Auto.

Mann: Ah! Eine Luftverschmutzerin! Aber über alles andere regen Sie sich auf! – Na ja, ich gönn' Ihnen jedenfalls, dass Sie ordentlich fürs Parkpickerl blechen müssen.

Frau: Die Parkraumbewirtschaftung ist ja eine Unverschämtheit. Die reine Geld-aus-der-Tasche-Zieherei!

Mann: Sie tun mir wirklich leid! Aber wissen Sie, es reicht ja nicht, dass die vielen Autos in der Stadt die Luft verpesten, jetzt gibt's überall diese Mistkübel mit Aschenbechern.

Frau: Ist ja eine gute Idee, damit die Tschickstummel nicht am Boden herumliegen. Das kostet 36,– Euro Strafe.

Mann: Ja, nur haben Sie schon einmal gesehen, wie oft diese Mistkübel rauchen?! Da erstickt man manchmal fast. Und Indianer aus der ganzen Welt werden durch diese Rauchzeichen angezogen und kommen zu uns.

Frau: Rauchen in der Öffentlichkeit sollte überhaupt verboten sein!

Mann: Ja sicher, damit noch mehr Arbeitsplätze verloren gehen, dann brauchen wir ja keine Müllabfuhr mehr, die den öffentlichen Dreck von der Straße räumt.

Frau: Rauchen ist ungesund und verursacht gesundheitliche Schäden, was wiederum das Gesundheitssystem ausbeutet.

Mann: Ts! – Unsere Fünf-Klassen-Medizin! Das ist sowieso ein Hohn, wennst net privat versichert bist.

Frau: Wieso Fünf-Klassen-Medizin?

Mann: Na ja, die erste Klasse sind die Ärzte unter sich, die zweite Klasse hat einen Arzt in der Familie oder im Freundeskreis und wird besser behandelt, die dritte Klasse hat eine private Zusatzversicherung, die vierte ist bei einer privilegierteren Krankenkassa versichert wie der Beamtenversicherung zum Beispiel und die fünfte Klasse sind die gewöhnlich Sterbenden von der Gebietskrankenkassa. So schaut's nämlich aus – das System!

Frau: Das gehört eigentlich verboten.

Mann: Gibt's eigentlich irgendetwas, was Sie nicht verbieten wollen?

Frau: Also wirklich! Für wen halten Sie mich? – Aber wenn ich könnte, würde ich die Kriminalität verbieten, es wird ja immer schlimmer.

Mann: Wissen Sie, dass eine gesunde Gesellschaft Kriminalität braucht?

Frau: So nach dem Motto: Man muss das Schlechte kennen, um das Gute zu erkennen?

Mann: Ja. Und wenn alles verboten ist und sich jeder dran hält, brauchen wir ja auch keine Polizei mehr.

Frau: Dann gehen ja schon wieder Arbeitsplätze verloren.

Mann: Ja, genau. Na ja, immerhin hat alles mit einem Verbot bzw. Regelverstoß begonnen.

Frau: Wieso?

Mann: Gott hat gesagt, sie dürfen den Apfel nicht essen. – Und sie haben's getan!

Frau: Eigentlich hat alles damit begonnen, dass die Menschen überhaupt erschaffen wurden.

Mann: Gott war fad und er schuf den Menschen! Und jetzt beobachtet er alles von oben und lacht sich einen Ast, weil hier unten eine Sitcom läuft.

Frau: Sie haben aber schon komische Ansichten.

Mann: Stört Sie das?

Frau: Was mich wirklich stört, ist dieses ewig schlechte Wetter, die Kälte und der permanente Wind. Und deswegen fahr' ich jetzt doch mit dem Auto und nicht mit dem Bus. Auf Wiedersehen! *(Ab.)*

Mann: Wiederschauen! – Na, lieber net! – Arme frustrierte, deprimierte Frau! Dein Leben möchte' i net teilen! Wobei – teilen ist keine Einbahnstraße. Wenn du etwas mit einem anderen Menschen teilst, bekommst du immer mehr zurück, als du gegeben hast. Vorausgesetzt du bist schlau genug, mit jemandem zu teilen, der schon vorher mehr hatte als du.

DER GEIST IM CALYPSO – TEIL 1: DAS LEBEN DES ANTON KRATKY-BASCHIK

GABRIELE HASMANN

Folgende Geschichte ist – in einigen Passagen etwas abgeändert – dem Buch »Spuk in Österreich. Unheimliche Orte und mysteriöse Begegnungen« (mit freundlicher Genehmigung, Ueberreuter Verlag, Wien 2012) von Gabriele Hasmann und Ursula Hepp entnommen.

Im Wurstelprater spukt, so sagt man und so wird es auch berichtet, der Geist von Anton Kratky-Baschik, Zauberer und Initiator des Gespenstertheaters.

Schon die Angaben zum Geburtsdatum des aus Prag stammenden Künstlers sind rätselhaft: Auf seinem Grabstein am Zentralfriedhof (Gruppe 11, Reihe 1, Nr. 52) ist zu lesen: »Anton Kratky-Baschik, 1822–1889, Ein Meister seiner Kunst.« Die Friedhofsverwaltung legt sich jedoch bei Nachfrage auf 1820 als Geburtsjahr fest, Felix Czeikes »Historisches Wien Lexikon« gibt das Jahr 1821 an, die freie Online-Enzyklopädie »Wikipedia« wiederum macht den Herrn gleich um rund zehn Jahre älter und behauptet, er sei bereits 1810 zur Welt gekommen.

Anton Kratky-Baschik, von den Wienern liebevoll Kratky-Batschky genannt, stand jedenfalls bereits im Alter von 16 Jahren auf der Bühne, damals allerdings noch als Mundharmonikaspieler. Er tourte durch die gesamte österreichungarische Monarchie und brillierte musikalisch an königlichen und kaiserlichen Höfen, solo oder im Duett mit seinem ebenso Mundharmonika spielenden Bruder Ignaz. Erstmals als Zauberer trat Kratky-Baschik im Jahr 1852 in Berlin auf, anfangs noch unter den Fittichen von Samuel Bellachini, dem populärsten Illusionisten seiner Zeit. Schon bald startete er jedoch seinen Alleingang, beschäftigte sich nach zahlreichen physikalischen Experimenten immer häufiger mit Imaginationskunststücken und professionalisierte seine Auftritte. Auf seinen Tourneen durch England und Amerika spezialisierte er sich auf Gespenstervorführungen, bei welchen ihm tote Berühmtheiten erschienen. Er verknüpfte dabei Zauberei mit Musik und physikalischen Effekten und verblüffte damit sein Publikum.

1853 stand er mit dem weltberühmten amerikanischen Zirkuspionier Phineas Taylor Barnum auf der Bühne, der heute noch als größter Schaustellunternehmer seiner Zeit gilt. Barnum hatte die Gabe, aus einer Mücke einen Elefanten zu machen – so präsentierte er etwa einen groß gewachsenen Herrn als »Giganten« oder montierte den Oberkörper eines Affen auf einen Fischleib, um diese Kreatur als »Fidschi-Meerjungfrau« auszustellen. Da es jedoch immer wieder zu Problemen mit Barnum kam, der seinem Kollegen des Öfteren die Gage vorenthalten wollte, trennten sich die beiden Herren nach einiger Zeit.

1858 wurde Kratky-Baschik von Queen Victoria zu einem Konzert im Windsor Castle geladen. Die Monarchin zeigte sich begeistert von seinem Spiel auf der Mundharmonika, die der Künstler mit verschiedensten Schalltrichtern für Klangvariationen kombinierte, und verlieh ihm den Titel des

»Hofkünstlers und Hofvirtuosen Ihrer Majestät, der englischen Königin«.

1862 ließ sich Kratky-Baschik in Wien nieder und eröffnete zwei Jahre später im Wurstelprater sein erstes Zaubertheater auf der Feuerwerkswiese. Dieses musste er jedoch bald wieder schließen, da er weiterhin durch das Land tourte und zu wenig Zeit dafür hatte.

Im Jahr 1868 unternahm er einen zweiten Versuch, die Wiener mit seiner Magie zu beeindrucken. Er baute im Prater in der Ausstellungsstraße 161 ein »Theater für Zauberei« auf, das er bis zu seinem Tod jeden Sommer bespielte. Im Winter hielt sich Kratky-Baschik, der sich mittlerweile Professor nannte, mit Veranstaltungen seiner Zaubersoireen in der Innenstadt oder im Dianasaal in der Leopoldstadt über Wasser. Er gab außerdem Vorstellungen an Schulen, da er gerade bei der jüngeren Generation sehr beliebt war. Bespielt wurden dabei kleine Bühnen mit etwa vier Meter mal sechs Meter großen Glasscheiben, die Gespenstererscheinungen illusionierten. Der Künstler entwickelte kleine gruselige Theaterstücke, die Namen wie »Das Lebensende eines Trinkers« oder »Der Sturz in den Höllenrachen« trugen.

Da die Geschäfte immer besser liefen, kaufte Kratky-Baschik im Jahr 1874 in der Ausstellungsstraße 150 ein ehemaliges Affentheater. Das zählte zu jener Zeit mit rund 900 Plätzen zu den größten Schauspielhäusern weltweit. Besonders kurios war, dass der neue Inhaber außen an der Bretterwand elektrische Leitungen installieren ließ, damit sich übermütige junge Kerle daran elektrisieren lassen konnten, um die Mädels zu beeindrucken. Man sollte es nicht glauben, doch dieses Angebot war nicht nur eine Sensation, sondern wurde auch noch gerne in Anspruch genommen.

Seine vorhandene freie Zeit nützte der Magier und Geisterbeschwörer, um es sich in seinen beiden Stammlokalen im Prater, »Goldener Kegel« und »Goldenes Kreuz« (schräg vis-à-vis und direkt gegenüber von seinem Theater), gut gehen zu lassen.

Noch heute kursieren in der Gegend allerlei Gerüchte über Kratky-Baschik, so zum Beispiel, dass er darauf bestand, nur frisch angeschlagenes Bier zu trinken. Daher soll der Wirt Adam vom »Goldenen Kreuz« jedes Mal, wenn er seinen Stammgast kommen sah, mit dem Schlägel auf das Fass geschlagen haben. Das tat er, um die Frage des Künstlers, ob das Bier auch frisch angeschlagen sei, mit der Gegenfragen »Ja hab'n S' net grad den Lärm vom Anschlag'n g'hört?« zu beantworten.

Folgende Geschichte ist ebenfalls überliefert: Wieder einmal machte sich der bereits alte Kratky-Baschik mit seinem Neffen und Helfershelfer Matthias auf den Weg zum Heurigen nach Döbling. Da er keine weiten Strecken mehr zu Fuß gehen konnte, saß der Theaterdirektor dabei in einem Korbwagen, wobei es sich um eine Art Rollstuhl handelte. Auf der Rückfahrt streifte der angeheiterte Bursche mit dem Wagen einen Schotterhaufen, und das Gefährt kippte mitsamt dem Insassen um. Der Zauberer soll erbost gerufen haben: »Fallot, ölendiger! I hab' dir doch g'sagt, du derfst net saufen, wenn i an Rausch hab'!«, und bekam darauf laut Erzählungen zur Antwort: »Jo, Herr Professor, do kummat i jo nie dran.«

Zuletzt erblindete der alte Magier und starb am 27. August 1889. Das Zaubertheater wurde zuerst von seinen Angestellten bis 1911 weitergeführt, danach schloss es jedoch für immer seine Pforten.

Verlassen hat Anton Kratky-Baschik seinen geliebten Prater allerdings nie so ganz, denn seine feinstoffliche Energie manifestiert sich dort bis heute ab und zu und erschreckt in Spukgestalt die Besucher. Erkennbar ist der Zauberer an seinem markanten langen Backenbart.

DER GEIST IM CALYPSO – TEIL 2: DER GEIST DES ANTON KRATKY-BASCHIK

GABRIELE HASMANN

Folgende Geschichte ist – in einigen Passagen etwas abgeändert – dem Buch »Spuk in Österreich. Unheimliche Orte und mysteriöse Begegnungen« (mit freundlicher Genehmigung, Ueberreuter Verlag, Wien 2012) von Gabriele Hasmann und Ursula Hepp entnommen.

»Oh mein Gott, da ist ja gar niemand!«, »Hast du auch grad den komischen Mann gesehen? Er stand direkt hinter mir ... wo ist der hin?«, »Bitte, wie schaut denn der aus? Welches Irrenhaus hat den denn freigelassen?« – So und ähnlich reagieren die Menschen, wenn ihnen im Prater Anton Kratky-Baschik im Lach- und Spiegelkabinett »Calypso« (Parzelle 45, auf dem Weg vom Calafattiplatz zum Rondeau) begegnet. Dabei handelt es sich aber nicht etwa um ein Double des Zauberers, sondern um seinen Geist, den man dort laut mehrfachen Augenzeugenberichten manchmal in den Spiegeln sehen kann.

Das Calypso gibt es bereits seit 1953, in seinem Inneren steht der älteste, original handgemachte Watschenmann Wiens, eine mannsgroße, eher dunkelhäutige Holzfigur, die sich früher einmal außerhalb des Gebäudes befand und sich von jedermann, der dafür bezahlte, abwatschen lassen musste. Die Stärke des Schlages wurde dabei mit einem Zeigerinstrument gemessen. Ansonsten befinden sich heute im Calypso neben diversen Verzerrspiegeln Irrgärten, bewegliche Hindernisse und so manche Illusion.

Keine Illusion jedoch war die Erscheinung, die Michael H., ein 36-jähriger »echter Wiener« und ein »gestandenes Mannsbild«, im Frühjahr 1983 im Calypso hatte – Übersetzung aus dem »echt Wienerischen« ins Hochdeutsche von Gabriele Hasmann:

»Meine Kinder haben mich damals im Sommer an einem Samstag so lang sekkiert, bis ich mit ihnen in den Prater gegangen bin. Autodrom, Eis essen, Autodrom, Cola trinken, Autodrom, Pizza essen … und zuletzt ins Calypso. Ich finde dieses Spiegelkabinett ja nicht wirklich lustig, wer schaut sich seinen Bierbauch schon gern in einem Spiegel an, der einen noch fetter macht? Aber die Kinder hatten ihren Spaß, und das war die Hauptsache – auch wenn sich mein Kleiner vor lauter Lachen übergeben musste und mir eine braune Sauce mit Tomatenstückchen aufs Hemd gespuckt hat.

Doch plötzlich, ich steh' gerade vor einem Spiegel, in dem ich ausschaue wie Michael Jordan, nicht so gut gebaut, aber so groß, sehe ich einen Mann hinter mir. Er hat einen altmodischen Backenbart, streng zur Seite frisiertes Haar und trägt einen offensichtlich uralten, abgewetzten Frack. Seine dunklen Augen haben mir regelrecht Löcher in den Rücken gebrannt, das war wirklich unangenehm. Mit einem Mal taumelt der Mann grinsend zur Seite, aus meinem Blickfeld. Ich drehe mich blitzschnell um … und weg ist er. Meine Tochter runzelt irritiert die Stirn und will wissen, warum ich so erschrocken schaue. Kurz überlege ich, wie viel Bier ich getrunken habe … es war nur ein einziges. Dann frage ich meine Kinder, ob kurz zuvor ein Mann hinter mir stand, was beide verneinen. Also beschließe ich, einen Sonnenstich zu haben.

Ein paar Tage später erzähle ich meinem Freund Alex die Geschichte, und der berichtet mir, als wäre es das Selbstverständlichste von der Welt, dass seine Mutter ,den Kratky' auch schon in einem Spiegel im Calypso gesehen hat. Nachdem ich den Typen dann zu Hause gegoogelt und ihn auf einem Foto gesehen habe, weiß ich, dass er es gewesen ist.«

Weniger spaßig liest sich die Geschichte der 72-jährigen Herta W., die sich im Herbst 1989 im Calypso zugetragen hat:

»Es war im Oktober, den Tag weiß ich nicht mehr …

aber unter der Woche. Meine Freundinnen, Annemarie und Luise, haben mich zu einem Spaziergang durch den Wurstelprater eingeladen und meinten übermütig, dass wir zum Abschluss ins Calypso gehen sollten. Es war auch wirklich lustig, und wir drei mussten die ganze Zeit kichern. Annemarie stand mit mir vor dem Spiegel, in dem wir ganz dünn waren, so dünn, wie vor 40 Jahren. Da erblickte ich plötzlich einen Mann hinter uns, der aussah, als wäre er gerade einem alten Stummfilm entsprungen. Im Augenwinkel sah ich, dass Annemarie weiß wie eine Wand geworden war. Luise stürzte auf uns zu und griff nach dem Arm meiner Freundin, die langsam zu Boden sank. Panisch sah ich mich um, doch der Mann hatte sich in Luft aufgelöst. Gott sei Dank war Annemarie nichts passiert, der kleine Schwächeanfall ging rasch vorüber. Eine Dame vom Personal hat uns ein Glas Wasser gebracht, und als ich ihr zögernd erzählte, was meine Freundin und mich so erschreckt hatte, meinte sie: ‚Das war der Zauberer, der Kratky-Baschik, der durch das Calypso spukt und sich hin und wieder den Besuchern im Spiegel zeigt. Wir haben ihn eh schon ins Gasthaus geschickt, damit er dort weitergeistert, aber offensichtlich mag er nicht weg von da.‘ Humor hatte sie ja, die gute Frau. Uns allerdings war das Lachen vergangen, was eher selten vorkommt.

Eine Herrenbekanntschaft von mir hat sich einige Wochen später erkundigt, ob im alten Spiegelkabinett vielleicht Scherze getrieben werden, da er gar nicht an übernatürliche Geschehnisse glaubt. Doch man hat ihm offensichtlich glaubhaft versichern können, dass es nicht im Interesse der Betreiber wäre, Kunden derart zu verängstigen. Also ist es doch der Geist des Zauberers gewesen … eine andere Erklärung gibt es nicht.«

Angeblich spukt Anton Kratky-Baschik auch heute noch hin und wieder im Calypso herum – man sollte dort also immer darauf gefasst sein, dass einem der alte Zauberer im Spiegel über die Schulter schaut.

Anhang

NACHWORT

Loser Kulturverein
www.loserkulturverein.at

Schauspielerinnen und Schauspieler der
»Praterg'schicht'n« bzw. des »Wiener Komödientheaters«:

Gerda Kamna
Walter Corti
Manfred Feller
Lisa Wimmer
Heide Maria Hager
Georg Wacks
Patrizia Köhle
Florian Heinz-Dubois
Silvia Schantl
Andrea Schlor
Harald Nagl
Nora Anna Hofmann
Andrea Nitsche
Renate Gippelhauser

Buch: Renate Woltron und Manuel Girisch
Regie: Renate Woltron

Titel der »Praterg'schicht'n«:

2002 »G'spielt, g'sungen, g'lebt«
2003 »Eine urige Nostalgiefahrt«
2004 »Neue Geschichten aus dem Prater«
2005 »Widerstand ist zwecklos!«
2006 »Auf zu neuen Ufern«
2007 »Sieben fette Jahre«
2008 »Auf in den Kampf«
2009 »Neben der Spur«
2010 »Alles andersrum«
2011 »Das Finale – Das Beste aus 10 Jahren«
2012 Wiener Komödientheater – »Zurück zum Ursprung«
2013 Wiener Komödientheater – »Weil's wahr ist«

DANK AN

Familie Girisch und Familie Woltron
Loser Kulturverein Vorstandsmitglieder Günter Woltron
und Rudi Klein
Kulturkommissionen der Bezirke Leopoldstadt und Ottak-
ring – mit besonderem Dank an:
Bezirksvorsteher Karlheinz Hora
Bezirksrat Helmut Brabec
Bezirksvorsteher Franz Prokop
Bezirksrätin Ingrid Beranek
Theater im Prater, Familie Buchmayer
Vorstadt Wien
Theater im Werkraum, Erich Hofbauer
Elisabeth und Stephan Heinrich
Fernwärme Wien, Christian Jäger

DIE AUTOREN

Mag. Dr. Renate Woltron, Autorin, Regisseurin, Schauspielerin und Produzentin in Wien. Neben zahlreichen Theaterregien, Kleinkunstprogrammen sowie Auftragsarbeiten schreibt sie auch selbst Theaterstücke, von denen einige in Buchform erschienen sind. Als langjähriges Mitglied des Ersten Wiener Lesetheaters zeichnet sie für mehr als siebzig Leseaufführungen verantwortlich. Ihre letzte Filmarbeit »Wand vor der Wand«, eine Milieustudie über Einsamkeit, hat sich 2014 für den Österreichischen Filmpreis qualifiziert. www.woltron.net

Manuel Girisch, Schauspieler und Sprecher, Gründungsmitglied der professionellen Theatergruppe »Loser Kulturverein«, war in zahlreichen Theaterproduktionen im In- und Ausland zu sehen. Er spielte in mehreren Spielfilmen (u.a. »Wie man leben soll«) sowie in TV-Produktionen, u.a. »Soko Donau« und »Tom Turbo«. Girisch schreibt Kabarettprogramme, die er meistens mit seiner Ehefrau Renate Woltron auf die Bühne bringt. www.girisch.at

Harald Havas lebt als Autor von Büchern, Drehbüchern, Comics und Spielen in seiner Geburtsstadt Wien. Sein Hauptaugenmerk gilt dabei kuriosen Fakten aller Art, besonders aber solchen, die mit Wien und Österreich zu tun haben.

QUELLEN

Hasmann, Gabriele und Hepp, Ursula: »Spuk in Österreich. Unheimliche Orte und mysteriöse Begegnungen«, Ueberreuter Verlag, Wien 2012

http://www.wienerzeitung.at/nachrichten/wien/stadtle-
ben/799268_Irdische-und-ueberirdische-Spiritismen.html
Die Kapitel von Harald Havas sind neu zusammengestellte und
aktualisierte Fassungen von Texten aus folgenden Büchern:
»Kurioses Wien«, Metroverlag, Wien 2010
»Furioses Wien – Ungewöhnliches, Unbekanntes, Unglaubli-
ches«, Metroverlag, Wien 2011
»Unglaubliches Wien – Entdeckungen für Fortgeschrittene«,
Metroverlag, Wien 2012
»Der Mann, der den Neusiedler See trocken legen wollte – und
andere kuriose Österreicher«, Metroverlag, Wien 2013
Mit freundlicher Genehmigung des Metroverlags.
Das Kapitel »Im Wilden Süden« ist exklusiv für
»Praterg'schicht'n« entstanden.

Inhaltsverzeichnis